Unsere Friaul Rezepte

Gisela Hopfmüller · Franz Hlavac

Unsere Friaul Rezepte

einfach · geschmackvoll · typisch · bunt

pichler verlag

Inhaltsverzeichnis

6	Einleitung zum Gustomachen

12 Frühling

14	Vorspeisen – Antipasti
24	Erste Hauptspeisen – Primi piatti
40	Zweite Hauptspeisen – Secondi piatti
50	Beilagen – Contorni
54	Süßspeisen – Dolce
64	Konservieren – Conservare

74 Sommer

76	Vorspeisen – Antipasti
84	Erste Hauptspeisen – Primi piatti
100	Zweite Hauptspeisen – Secondi piatti
118	Beilagen – Contorni
120	Süßspeisen – Dolce
124	Aperitiv
126	Konservieren – Conservare

132 Herbst

134	Vorspeisen – Antipasti
140	Erste Hauptspeisen – Primi piatti
154	Zweite Hauptspeisen – Secondi piatti
166	Beilagen – Contorni
172	Süßspeisen – Dolce
176	Konservieren – Conservare

178 Winter
  180   Vorspeisen – Antipasti
  184   Erste Hauptspeisen – Primi piatti
  194   Zweite Hauptspeisen – Secondi piatti
  206   Süßspeisen – Dolce

222 Adressen und Kontakte

226 Rezeptverzeichnis

Einleitung
zum Gustomachen

An unserer Haustür hing ein Plastiksack mit frischen Eiern. Es war der zweite Tag, nachdem wir unser Haus in Varmo im Friaul gekauft hatten, und wir kamen von einem Spaziergang zurück. Von wem die Eier wohl waren? Von Daniela, die wir damals erst kurz zuvor kennengelernt hatten? Ein Anruf bei ihr: Nein, von ihr seien die Eier nicht. Das Rätsel klärte sich am Tag danach. Ein Signore sah uns vor dem Haus, blieb mit seinem Lieferwagen stehen und fragte: „Haben Sie die Eier gefunden? Ich dachte mir, sie machen Ihnen Freude, Sie sind ja hier ganz neu eingezogen!" Ganz gerührt haben wir uns bedankt, überrascht von der Zuwendung eines Unbekannten. Kurz danach brutzelten wir uns aus einem Teil der Eier eine wunderbare Frittata, ein Omelette, das die Friulaner mit Kräutern oder *salsiccia*, mit Spargel oder Radicchio oder anderem mehr vermischt zubereiten. Und die wir damals, am Anfang unseres „friulanischen Lebens" schon kannten.

So begann unsere Beschäftigung mit der Küche des Friaul. Es ist kein Geheimnis: Wir essen gerne gut und entsprechend den Traditionen des Landes, in dem wir uns gerade aufhalten. Und nachdem es in dieser nordöstlichsten Region Italiens, die uns zur zweiten Heimat geworden ist, „un'incredibile cultura di mangiare" – eine unglaubliche Kultur des Essens – gibt, hatten wir in den vielen Jahren seit unserer Ankunft jede Menge zu erforschen. Bei friulanischen Freunden und Bekannten, Hausfrauen, Profiköchinnen und Profiköchen, in Trattorien, auf Märkten, bei Fischern. So haben wir uns bekochen lassen, die Rezepte zusammengetragen und selbst gekocht.

Die Küche Friaul-Julisch Venetiens ist zwischen den Bergen und dem Meer so abwechslungsreich wie das Land insgesamt. Aber es ist eine Küche, die in der Geschichte ihren Wert aus maximaler Einfachheit bezog. Die *cucina povera*, die „arme Küche" der ländlichen Bevölkerung von einst lebt weiter und ist zwar einfach, aber gar nicht „arm", sondern sehr geschmackvoll. Und zum Teil enorm sättigend, weil sie ja ursprünglich darauf ausgerichtet war, hart arbeitende *contadini*, also Bauern, ebenso satt zu bekommen wie die *boscaioli*, die Waldarbeiter in den Bergen, oder die *pescatori*, die Fischer.

Im Normalfall dominierten Gemüse, vor allem Bohnen, außerdem Eier und besonders Polenta. Nicht zu vergessen der Frico, diese Mischung aus Käse und Kartoffeln, die schon nach ein paar Bissen den Magen gefüllt hat. Der Montasio und andere Käsearten waren und sind nirgendwo wegzudenken. Eine Kultur des Sonntagsbratens gab es dagegen am Land früher gar nicht. *Manzo*, Rindfleisch, war für die ländliche Bevölkerung viel zu teuer. Geflügel und Schweine gab es wohl bei den Bauern, beides schmorte in den Töpfen, auch Wild in der Jagdsaison, aber bei vielen waren Fleischspeisen nur zu Festtagen angesagt. „Wenn bei den Bauern ein Schwein geschlachtet wurde, gab es eine ganz bestimmte Reihenfolge, wie – je nach Haltbarkeit – die verschiedenen Teile beziehungsweise Produkte der Reihe nach verkocht oder konsumiert wurden", erzählt Valentino Zanin, Fleischermeister „con passione" aus Camino al Tagliamento. „Erst kamen die am wenigsten haltbaren *salsicce di fegato* (Leberwürste) dran, dann die salsicce al sangue (Blutwürste), *le ossa* (die Knochen), dann die normalen salsicce (eine Art Bratwurst aus verschiedenen Teilen des Schweins), das *cotecchino* (eine kräftig gewürzte Schweinskochwurst), die *salame*, dann das *ossocollo* (der durchzogene Schinken vom Schweinshals, weil er magerer war), *le coste* (die Koteletts), *la soppressa* (die Presswurst) und am Ende als das Haltbarste *la pancetta* (der Bauchspeck)." Der berühmte *prosciutto crudo di San Daniele* ist zwar unter diesem Namen schon seit 1800 bekannt, war aber vor den 1960er-Jahren kein Allgemeingut in den friulanischen Haushalten.

In den „kühlschranklosen Zeiten" lebte auch ständig der Gedanke: „Come lo tengo per domani?" – „Wie hebe ich das Vorhandene für morgen auf?" Interessante Rezepte zum Konservieren sind deshalb in den Familien gerne weitergegeben worden.

Wer zu fischen wusste, bei dem kamen Fische aus dem Tagliamento oder dem Isonzo und auch Flusskrebse auf den Tisch. An der Küste, zwischen Triest und Marano Lagunare, lebte und lebt die Küche von und mit Meeresfischen, Krebsen und Muscheln in vielerlei Ausprägung. Viele Trattorie und Ristoranti verwöhnen ihre Gäste entsprechend. Auf Fahrrädern kamen die Fischer aus Marano früher auch ins Hinterland und verkauften preisgünstigen *pesce azzurro*, also etwa Sardinen und Sardellen. Heute kommt kein Supermarkt, der auf sich hält, ohne Fischabteilung aus, und Fischgeschäfte finden sich in vielen auch kleinen Orten der friulanischen Ebene. In den Familien dort steht Fisch regelmäßig am Speiseplan.

Die Pasta, die heute aus keinem friulanischen Haushalt mehr wegzudenken ist, hielt hier erst in der Nachkriegszeit wirklich Einzug. Aber auch die ganz einfache Küche lebt weiter, nicht mehr wegen der Armut, wohl eher aus sentimentalen Gründen und aus Traditionsbewusstsein. „L'incredibile cultura di mangiare" – die unglaubliche Kultur des Essens – hat sich erhalten und entwickelt, ist sehr qualitätsbewusst und wird ständig modernisiert.

All das spiegelt sich auch in unserer höchst subjektiven, nur von unseren Geschmacksnerven bestimmten Auswahl der Rezepte in diesem Buch wider. Wir sind keine Profis in der Küche, deshalb war es uns auch wichtig, Rezepte zu sammeln, die einfach nachzukochen sind. Und weil die Gerichte uns schmecken, gehen wir einmal davon aus, dass sie auch unsere Leserinnen und Leser erfreuen werden. Schließlich hatten wir viele sehr positive Rückmeldungen auf die Rezepte, die wir in den Büchern „Unser Friaul" und „Friaul erleben" beschrieben haben.

☙❧

Viele Friulanerinnen und Friulaner haben dazu beigetragen, dass dieses Kochbuch zustande gekommen ist. Allen möchten wir an dieser Stelle ein sehr herzliches Dankeschön sagen.

Rezepte und Tipps kamen von folgenden Personen:

- Daniela Tengattini-Asquini in Varmo, die unser „Varmeser" Leben von Anfang an
    mit Rat und Tat begleitet.
- Danielas Tochter Samara Asquini-Cucchiaro in Virco
- Samaras Schwiegermutter Amalia Versolatto-Cucchiaro in Virco
- Danila Craighero-Asquini in Varmo
- Fabiola Tilatti-Ferrin vom „Weingut Ferrin" in Camino al Tagliamento
- Raffaella Nardini-Komjanc vom „Weingut Komjanc" in
    Giasbana di San Floriano del Collio
- Mercedes Bacinelli-Brusadini in Varmo
- Leonora Toffoli in Varmo
- Anna Maria Torresin-Marsoni von der „Azienda Marsoni" in Varmo
- Loris Molinari in Belgrado di Varmo
- Valentino Zanin, passionierter Fleischermeister in Camino al Tagliamento
- Ennio Furlan, Koch sowie Kräuter- und Pilzexperte, außerdem Buchautor in Udine
- Dina Caporale vom Weingut „Paolo Rodaro" in Spessa di Cividale
- Anna Nonis-Mason in Lignano
- Roberto Marchesan, „padrone" und Küchenchef der Locanda „Vil di Vàr" in Varmo
- Aldo Morasutti, seine Gattin Lidia, seine Tochter Elisabetta und Küchenchef
    Roberto Cozzarolo vom Ristorante „Da Toni" in Gradiscutta di Varmo
- Familie Del Negro inklusive dem Küchenchef Daniele Flebus vom Ristorante
    „Al Molino" in Glaunicco
- Valentino Bert und seine Schwester Anna von der Trattoria „Da Bepo" in Bugnins di
    Camino al Tagliamento
- Gioia Buiatti und Marco Grassi von der Trattoria „Da Mario" in Prepotto
- Olga Dal Forno von der Taverna „Al Pescatore" in Marano Lagunare
- Das Ehepaar Luisa Tomasini und Alfredo Gordini sowie ihr Küchenchef Gianfranco
    Cutti vom Hotel Ristorante „Marea" in Grado
- Damjan Miklus, Chef und Küchenchef der Osteria „Koršič" in San Floriano del Collio
- Eliana Solari, Chefin des Agriturismo „Sot la napa" in Pesariis
- Gianni Stefani, Chef und Küchenchef des Ristorante „Tschurwald" in Tarvis

(Da in Italien verheiratete Frauen ihre Mädchennamen behalten, aber trotzdem oft mehr unter dem Familiennamen des Ehemannes bekannt sind, haben wir jeweils beide Namen festgehalten.)

Die Weinempfehlungen zu den Speisen haben wir in Zusammenarbeit mit dem Winzer Roberto Komjanc und seiner Frau Raffaella, dem prominenten Önologen Gianni Menotti, dem Winzer Paolo Ferrin und seiner Frau Fabiola sowie Alfredo Gordini, „padrone" des Hotel Ristorante „Marea" in Grado, zusammengestellt.

Ein Kochbuch braucht zweifellos Fotos, die Lust aufs Nachkochen und Essen machen. Natürlich haben wir – wie für unsere anderen Bücher – selbst einiges fotografiert. Aber sehr viele der Fotos in dem Buch stammen von Mayda Mason, einer Fotografin aus Latisana, die wir für unser Projekt gewinnen konnten. Mayda war dabei auch ihre eigene „Fooddesignerin" und wir haben mit Begeisterung gemeinsam viele Tage in unserer Küche in Varmo und in den verschiedenen Trattorie und Restaurants verbracht. Mayda gebührt ein Extra-Dankeschön für ihr unglaubliches Engagement!

Wir wünschen Ihnen, liebe Leserinnen und Leser, viel Spaß beim Nachkochen und Genießen. Buon appetito!

Gisela Hopfmüller
Franz Hlavac

Frühling

Vorspeisen – Antipasti

Rohe marinierte Artischocken
Carciofi crudi in marinata

Nicht erst seit unserem Besuch auf der Insel Sant'Erasmo in der Lagune von Venedig sind wir Artischockenfans. Auch Daniela hatte uns – kaum im Friaul gelandet – vor vielen Jahren mit den prächtigen „carciofi" in ihrem Garten überrascht. Und wie groß ist die Freude, seit auch verschiedene Sorten (violette mit und ohne Stacheln an den Blättern der Blütenstände, auch die runden grünen) in unserem friulanischen Garten wachsen, zu mannshohen Pflanzen werden und uns im Mai mit vielen Blüten erfreuen. „castraure" heißen die jungen Blütenstände, die am Hauptstamm als Erste auftauchen und abgeschnitten werden, damit die Pflanze an den Seitentrieben noch viele andere entwickelt. Diese zarten „castraure" eignen sich besonders für das folgende Rezept:

Zutaten
16 Stück junge Artischocken (Castraure)
Saft von 3 Zitronen
⅛ l aromatischer Weißwein (z. B. trockener Traminer)
3 Esslöffel Olivenöl
Salz
getrockneter „Rosa Pfeffer" (Pseudopfeffer)
1 Handvoll gehackte Petersilie

Weinempfehlung
Friulano
Sauvignon

Zubereitung
Die Artischocken putzen (die äußeren Blätter entfernen und von den übrigen das obere Drittel wegschneiden), feinblättrig schneiden und gleich in Zitronensaft legen, damit sie nicht braun werden. Weißwein, Olivenöl und Salz fest zu einer Marinade verrühren. Die Artischocken aus dem Zitronensaft fischen, gut abtupfen, auf Vorspeisentellern anrichten, die Marinade darüber verteilen, mit frisch gehackter Petersilie und den Körnern des rosa Pfeffers bestreuen, die mit ihrer leichten Süße eine wunderbare Geschmacksabrundung ergeben.

Tipp: Wer Artischocken lieber gedünstet mag, schaut sich das Rezept für ein Artischockensugo an (siehe S. 36).

Frühling

Vorspeisen – Antipasti

Frühling

Wilder Hopfen mit Prosciutto
Luppolo con prosciutto

Er rankt sich am Waldrand an Bäumen und an Zäunen in die Höhe ... und an den Rändern unseres Gartens: Wo der wilde Hopfen, der „luppolo", wächst, da wächst er gewaltig. Übrigens auch in Österreich: nur dass ihn da kaum jemand in der Küche nützen mag. Ganz anders im Friaul. Da gehört der „luppolo" (friulanisch „urtizzòns") zum Frühlingsbeginn einfach auf jede Speisekarte, die privaten und die der Trattorie. Denn der Hopfen zählt zu den ersten Pflanzen, die zu sprießen beginnen. Und diese jungen Triebe werden überall gesammelt.

Zutaten
4 dicke Bündel der Triebe des wilden Hopfens (ca. 3 cm Durchmesser)
ca. 150 g prosciutto crudo (Rohschinken, z. B. San-Daniele-Schinken)
Salz
Saft einer halben Zitrone
Grana zum Drüberhobeln

Weinempfehlung
Ribolla gialla spumante
Friulano
Chardonnay

Zubereitung
Die Luppolo-Büschel mit Küchengarn zusammenbinden und in Salzwasser mit Zitronensaft etwa 5 bis 10 Minuten kochen. Herausnehmen und abtropfen lassen. Das Küchengarn entfernen. Den Luppolo in Prosciuttoscheiben einwickeln. Auf jeden Teller ein Büschel legen, Grana drüberhobeln und sofort servieren.

Variante: Man kann den in Prosciutto gewickelten luppolo noch für ein paar Minuten bei Oberhitze ins Rohr legen (das macht den Schinken knusprig), ehe er auf den Teller und der Grana darüberkommt.

Vorspeisen – Antipasti

Chicoréesprossen mariniert

Puntarelle marinate

Es ist wie verhext: In unserem Garten will die „cicoria puntarella" nie so schöne Köpfe mit Sprossen ausbilden, wie man sie schon den ganzen Winter, aber besonders im März, auf den Märkten findet. Wie alle Chicoréepflanzen sind auch die „puntarelle" leicht bitter, die rohen Sprossen eignen sich hervorragend für eine nicht alltägliche Vorspeise. Es war auf einem Markt in Pordenone, als wir vor vielen Jahren erstmals die „puntarelle" bewusst wahrgenommen haben. Die Standlerin hat uns damals auch gleich das folgende Rezept dazu empfohlen. Seitdem haben sie einen Fixplatz auf unserem Speisezettel (siehe auch S. 32).

Zutaten

1 großer Kopf puntarelle
1–2 Knoblauchzehen (je nachdem wie sehr man Knoblauch liebt und ob man nach dem Essen noch gesellschaftliche Verpflichtungen hat)
4 Sardellenfilets
4 Esslöffel Olivenöl
2 Esslöffel Balsamicoessig

Weinempfehlung
Sauvignon

Zubereitung

Die *Puntarelle* vom Strunk schneiden, kreuzweise einschneiden und für etwa eine halbe Stunde in eiskaltes Wasser legen (das mildert die für die Chicoréegewächse typischen Bitterstoffe). Dann herausnehmen, trocken tupfen und portionsweise auf die Teller verteilen.
In einer Pfanne den grob gehackten Knoblauch in Olivenöl goldgelb anbraten, vom Herd nehmen, den Knoblauch aus dem Öl fischen und kurz beiseitelegen. In das nicht zu heiße Öl die zerdrückten Sardellenfilets einrühren und mit Balsamico ablöschen. Achtung: Nicht mehr aufs Feuer stellen, sonst spritzt die Mischung! Kurz vor dem Servieren den knackig gebratenen Knoblauch wieder zur Marinade geben und diese über den Puntarellesprossen verteilen. Gleich servieren, denn das Gericht ist besonders gut, wenn die Marinade noch lauwarm ist.

Frühling

Vorspeisen – Antipasti

Frühling

Spargel mit hart gekochten Eiern
Asparagi con uova sode

Friaul ist auch ein Land des Spargels. Ob in Tavagnacco bei Udine oder in Fossalon bei Grado oder in unserem Ort Varmo: Überall gibt es die köstlichen weißen und grünen Stangen. Es gibt Tage, da genießen wir diese lieber ohne „Fleischergänzung". Kein Problem, denn ein paar Eier sind immer im Kühlschrank und im Garten wächst genug Petersilie …

Zutaten

20 Stangen mitteldicken Spargel (weiß oder grün)
4 hart gekochte Eier
4 Esslöffel Olivenöl
4 Teelöffel Zitronensaft oder milden Essig
gehackte Petersilie
ev. etwas geriebenen Parmesan

Weinempfehlung

Friulano
Malvasia
Sauvignon

Zubereitung

Den weißen Spargel schälen, grünen nur frisch anschneiden und in Wasser mit Salz und etwas Zitronensaft nicht zu weich kochen. Abtropfen lassen. Die hart gekochten Eier hacken (wer es dekorativ mag, trennt erst das Eigelb vom Eiweiß und hackt getrennt). Den Spargel auf die Teller verteilen, erst mit Zitronensaft oder Essig, dann mit Olivenöl beträufeln. Die gehackten Eier darauf verteilen und dann etwas gehackte Petersilie darüberstreuen.

Man kann auch noch etwas Parmesan darüberreiben, aber uns schmeckt diese Spargelvariante ohne den Käse besser.

Vorspeisen – Antipasti

Spargel mit Rohschinken
Asparagi con prosciutto crudo

Nicht nur in San Daniele wird in der Spargelzeit überall Prosciutto gemeinsam mit den „asparagi" serviert. Zwischen Tarvis, wo wir im Ristorante „Tschurwald" bei Gianni Stefani auch außerhalb der normalen Essenszeiten gerne einen „Spargelstopp" einlegen, und unserer eigenen Küche in Varmo darf diese Kombination nirgends fehlen.

Zutaten
20 mitteldicke weiße Spargel
1 Esslöffel Zitronensaft
200 g Rohschinken/Prosciutto crudo
120 g geriebenen Parmesan
15 g zerlassene Butter

Weinempfehlung
Malvasia
Pinot grigio (Grauburgunder)
Sauvignon

Zubereitung
Den Spargel schälen und in Wasser mit Salz und etwas Zitronensaft nicht zu weich kochen. Abtropfen lassen. Fürs Servieren schlagen wir zwei Varianten vor:

Variante 1: Je fünf Spargelstangen in den Prosciutto einrollen, je eine Rolle dann auf die Teller legen, mit etwas zerlassener Butter übergießen und den geriebenen Käse darauf verteilen.

Variante 2: Den Spargel auf den Tellern verteilen, 2 Esslöffel zerlassene Butter drübergießen, den geriebenen Käse darüber verteilen und zuletzt die Prosciuttoscheiben locker darüberlegen.

Frühling

Erste Hauptspeisen – Primi piatti

Frühling

Tarviser Sclopitnockerln

Paciocchi tarvisiani

Rezept von Gianni Stefani/Ristorante Tschurwald, Tarvis

Viele Jahre hat Gianni Stefani gemeinsam mit seinem Vater für die genussvolle Küche im Ristorante „Renzo" in Valbruna gesorgt, dann ergab sich die Möglichkeit, im Zentrum von Tarvis das „Tschurwald" als Imbissstube, Bar und Restaurant zu übernehmen. Gianni und seine Frau Vanessa sind stets darum bemüht, die Gaumen ihrer Gäste zu erfreuen. Im Frühjahr auch mit den „paciocchi", die mit „sclopit", das ist Leimkraut (Silene), zubereitet werden.

Zutaten
5 Semmeln
½ l Milch
300 g Mehl
3 Eier
400 g Leimkraut/Sclopit
(als Alternative kann man auch Spinat verwenden)
½ Zwiebel
etwas geriebene Muskatnuss
Salz

Fürs Übergießen der Paciocchi:
150 g Butter, 1 Zwiebel, 5–6 Salbeiblätter, geriebener Parmesan

Weinempfehlung
Sauvignon
Merlot

Zubereitung
Die Semmeln in kleine Würfel schneiden und über Nacht in der Milch im Kühlschrank ziehen lassen. Am nächsten Tag den Sclopit klein schneiden bzw. hacken und mit der fein gehackten halben Zwiebel andünsten. Die eingeweichten Semmeln mit dem Mixer vermischen und die Sclopit-Zwiebel-Mischung dazurühren. Mit geriebener Muskatnuss würzen, salzen und die Eier dazurühren. Jetzt nach und nach das Mehl dazugeben, es soll ein ziemlich fester Teig entstehen. Mit einem Löffel Nockerln abstechen und in kochendes Salzwasser geben. Nach etwa fünf Minuten tauchen die paciocchi an der Oberfläche auf, dann sind sie fertig.

In der Zwischenheit die Butter in einer Pfanne zerlassen, die Salbeiblätter und die Zwiebel zugeben und diese eine schöne Farbe annehmen lassen. Die Paciocchi abseihen, auf die Teller verteilen, geriebenen Parmesan darüber verteilen und mit der Butter-Zwiebel-Salbei-Mischung übergießen. Sofort servieren.

Erste Hauptspeisen – Primi piatti

Leimkrautsauce

Salsa di sclopit

Egal, ob man das Leimkraut, den sclopit, auf einer friulanichen Wiese beim Spazierengehen findet, auf einem Markt erwirbt oder das Glück hat, dass es im eigenen Garten gedeiht (Samen gibt's in Gartenzentren und bei Gemüsehändlern zu kaufen): Es macht beim Kochen einfach Freude. Und den Geschmacksnerven auch, denn der Geschmack erinnert an junge Erbsen. Übrigens, wir haben Leimkraut auch schon auf Wiesen der Wiener Donauinsel entdeckt! Soll heißen: Augen auf auch in österreichischen Gefilden! Als Salsa passt der Sclopit zu Fisch und gekochtem Fleisch, kann aber auch mit Nudeln wie ein Pesto genossen werden.

Zutaten
500 g Sclopit-Spitzen und -Blätter
1 Zwiebel
150 g Rahm (panna)
Eigelb von 2 hart gekochten Eiern
Salz

Zubereitung
Den Sclopit und die fein gehackte Zwiebel in ganz wenig Salzwasser weich dünsten, Rahm und Eigelb dazufügen, mit einem Pürierstab pürieren. Eventuell mit ganz wenig Salz abschmecken.

Weinempfehlung
Sauvignon

Frühling

27

Erste Hauptspeisen – Primi piatti

Frühling

Risotto mit Hopfensprossen
Risotto al luppolo

Man glaubt es kaum, aber im 19. Jahrhundert war der Anbau von Reis im Friaul sehr häufig. Die Habsburger verboten den Reisanbau wegen der Malariagefahr in der friulanischen Ebene. Nun aber wird seit ein paar Jahren zum Beispiel in der Gegend von Paradiso bei Pocenia wieder Reis angebaut und auch mit Reissorten experimentiert, die weniger Feuchtigkeit brauchen. Risotto ist jedenfalls fester Bestandteil der friulanischen Küche, besonders gerne wird es im Frühling mit wildem Hopfen gemacht.

Zutaten
350 g Reis (am besten Arborio oder Carnaroli)
400 g Hopfensprossen
1 l klare Suppe
Butter
1 mittelgroße Zwiebel
100 g geriebener Montasio (6 Monate gereift)
Salz, Pfeffer

Weinempfehlung
Malvasia istriana
Sauvignon

Zubereitung
Die jungen Spitzen des wilden Hopfens waschen und in etwa ½ cm lange Stückchen schneiden. In einem Topf die gehackte Zwiebel in Butter andünsten, den Luppolo dazugeben, ein bisschen durchziehen lassen, umrühren, den Reis dazugeben. Nach 1–2 Minuten etwas Suppe dazugeben, leicht köcheln lassen und in kleinen Portionen immer wieder die Suppe dazugeben. Nach etwa 20 Minuten – wenn der Reis weich, aber nicht zu weich ist – noch etwas Butter zufügen, den Risotto vom Herd nehmen und kurz rasten lassen. Mit Salz, Pfeffer und geriebenem Käse abschmecken!

Variante 1: Statt der Zwiebel eine Knoblauchzehe verwenden, den Sclopit dazugeben und mit 1–2 Glas Weißwein (Gioia in Prepotto verwendet den Schioppettino) aufgießen. Dann den Reis dazugeben und nach und nach mit Gemüsebrühe aufgießen.

Variante 2: Dasselbe Rezept schmeckt auch mit Sclopit, dem Leimkraut. Das wird mit dem Wiegemesser gehackt, ehe es – wie im Rezept oben – verwendet wird.

Variante 3: Beim beliebten „Klassiker" Spargelrisotto verwendet man anstelle von Sclopit oder Luppolo dünnen weißen und/oder grünen Spargel, in 1–1,5 cm lange Stückchen geschnitten.

Erste Hauptspeisen – Primi piatti

Kräutergnocchi aus Sauris
Gnocchi di Sauris alle erbe

Die meisten werden ja wegen des berühmten Schinkens und Specks hinauf in die Berge nach Sauris gelockt. Aber die „Zahrer" Küche – also die Küche aus Sauris – lebt auch von den aromatischen Kräutern der umliegenden Wiesen. Die waren seit jeher wichtig für die Menschen, die dort leben, denn auf über tausend Metern Seehöhe ist der Gemüseanbau nicht mehr selbstverständlich.

Zutaten
300 g Feldkräuter (z.B. Leimkraut, Brennnessel, Wildspinat)
300 g Mehl
1 Ei
100 ml Milch
1 Esslöffel Öl
150 g Butter
100 g geräucherten Ricotta-Käse (Ricotta affiumicata)
geriebene Muskatnuss
Salz, Pfeffer

Zubereitung
Die Kräuter putzen, waschen, in wenig Salzwasser kurz blanchieren, abtropfen lassen und ausdrücken. Dann gemeinsam mit der Milch mit dem Pürierstab pürieren. Das Ei mit der Milch versprudeln, mit den Kräutern verquirln Muskatnuss, Salz und Pfeffer dazumischen, zuletzt das Mehl. Es soll eine homogene Masse entstehen. (Wenn der Teig zu flüssig bleibt, mehr Mehl verwenden.) Salzwasser zum Kochen bringen. Mithilfe zweier Teelöffel die Gnocchi formen und ins Wasser geben. Wenn sie aufsteigen, können sie mit einem Schaumlöffel herausgenommen werden. Abtropfen lassen. Auf vier Teller verteilen, mit zerlassener Butter übergießen und den geräucherten Ricotta drüberreiben.

Weinempfehlung
Pinot bianco

Frühling

Erste Hauptspeisen – Primi piatti

Chicoréesprossen mit Knoblauch, Öl und Pfefferoni

Puntarelle all'aglio, olio e peperoncino

Im Allgemeinen heißt es ja, die „puntarelle" sind am besten roh zu essen (siehe S. 18). Aber kurz in der Pfanne geschwenkt, mit Knoblauch und Pfefferoni, sind sie auch ein Gedicht!

Zutaten

500 g Puntarelle
2–3 Koblauchzehen
Olivenöl
Peperoncino (winzige Stückchen der getrockneten Pfefferoni oder Pfefferonipulver)
Salz

Zubereitung

Die Puntarelle in Streifen schneiden, in einer Schüssel mit eiskaltem Wasser eine halbe Stunde liegen lassen (das entzieht die Bitterstoffe). In einer Pfanne etwas Olivenöl mit den halbierten Knoblauchzehen erhitzen. Kurz bevor die puntarelle dazukommen, die Peperoncini-Stückchen oder das Pulver dem Öl zufügen. Dann die puntarelle im heißen Öl 3–4 Minuten schwenken. Gleich servieren.

Weinempfehlung
Sauvignon

Frühling

Spargelauflauf

Pasticcio con gli asparagi

Rezept von Fabiola Ferrin / „Azienda Ferrin", Camino al Tagliamento

In der Spargelzeit fahren der Winzer Paolo Ferrin und seine Frau Fabiola oft von Camino al Tagliamento hinüber nach Belgrado di Varmo zu Loris Molinari, um Spargel zu kaufen. Loris widmet sich im Frühjahr der Spargelzucht genauso leidenschaftlich wie im Herbst und Winter dem Radicchio. Was auch wir zu schätzen gelernt haben (wie Sie an einigen Rezepten in diesem Buch erkennen – siehe unter „Winter" die Radicchiorezepte). Bei Ferrins wird auf alle Fälle immer einiges an Spargel vorgekocht, er ist kalt als rasches Antipasto mit etwas Olivenöl zu essen oder als Basis für Fabiolas Spargelauflauf, den sie macht, wenn Gäste kommen, aber wenig Zeit zum Kochen bleibt.

Zutaten
½ kg weißer Spargel
8 Scheiben Toastbrot
2 Mozzarella-Kugeln
1 Handvoll geriebener Parmesan
4 Eier
200 ml Milch

Weinempfehlung
Friulano
Sauvignon
Pinot grigio (Grauburgunder)

Zubereitung
Den Spargel schälen, weich kochen und in 2 cm lange Stücke schneiden. Den Mozzarella in kleine Stücke schneiden. Die Eier mit der Milch verquirlen.

Den Boden einer feuerfesten Form mit 4 Scheiben Toastbrot auslegen und darauf die Hälfte des Mozzarellas und die Hälfte des Spargels verteilen. Die übrigen 4 Scheiben Toastbrot darauflegen. Darauf wieder Mozzarella und Spargel verteilen und oben drauf noch eine Handvoll geriebenen Parmesan. Die mit den Eiern vermischte Milch darübergießen. Im vorgeheizten Backrohr bei etwa bei 190 °C 20–30 Minuten backen (mit Heißluft ca. 180 °C)

Varianten: Wer mag, kann außer Mozzarella und Spargel auch klein geschnittenen, gekochten Schinken verteilen. Die Eier-Milch-Mischung lässt sich mit etwas Rahm noch verfeinern.

Tipp: Fabiola ergänzt beim Servieren jede Portion mit zwei Spitzen vom grünen Spargel und etwas Ei (Eigelb von hart gekochten Eiern, mit etwas Salz und Olivenöl vermischt).

Erste Hauptspeisen – Primi piatti

Tagliatelle mit Spargelragout

Tagliatelle al ragù di asparagi

Rezept von Anna Maria Torresin/„Azienda Marsoni", Varmo

50 Tage im April und Mai dauert üblicherweise die Spargelsaison im Friaul. In dieser Zeit können wir nicht genug kriegen von den weißen und grünen Trieben, die auf den Feldern der Umgebung von Varmo wachsen und jeden Morgen frisch gestochen zu erwerben sind. Zum Beispiel bei der „Azienda Agricola Marsoni" in Levate di Varmo, wo sich Gianluigi, seine Frau Anna Maria, die Söhne Massimo und Alessandro und die Tochter Raffaella mit viel Wissen dem Anbau von grünem und weißem Spargel widmen. Dass im Hause Marsoni natürlich Spargel gerne gegessen wird, ist klar. Anna Maria sorgt für viel Abwechslung bei der Zubereitung (siehe auch unter „Beilagen", S. 21–22 und „Konservieren", S. 66–67).

Zutaten
400 g Pasta
400 g dünneren weißen Spargel
1 Schalotte
150 g gekochter Schinken
1 Handvoll Petersilie
3 Esslöffel Olivenöl
Salz
geriebener Parmesan

Weinempfehlung
Pinot grigio (Grauburgunder)

Zubereitung
Den Spargel schälen und in knapp 2 cm lange Stückchen schneiden. Den Schinken in kleine Würfel schneiden. Die Schalotte und die Petersilie fein hacken. In einer Pfanne das Olivenöl erhitzen, Schalotte und Schinken anbraten, den Spargel dazugeben und ein paar Minuten garen. Am Schluss die gehackte Petersilie darunterrühren. Mit der al dente gekochten Pasta vermischen, etwas geriebenen Parmesan darübergeben, sofort servieren.

Variante 1: Das Ganze ist besonders fein mit grünem Spargel (den man im Allgemeinen nicht schälen muss).

Variante 2: Wenn man dieses Spargelragout mit einem traditionellen Pastaragout aus faschiertem Fleisch oder Salsiccia vermischt, sind die „Fleischtiger" unter den Essern besonders zu begeistern.

Frühling

Erste Hauptspeisen – Primi piatti

Artischockensugo

Sugo di carciofi

Zum Unterschied von den rohen marinierten Artischocken (siehe Antipasti – Vorspeisen) kann man für dieses Rezept auch die schon größeren Blütenstände verwenden, aber frisch müssen sie sein. Man muss nur darauf achten, ausreichend die äußeren harten Blätter zu entfernen und eventuell innen das „Heu", die unter den Blättern liegenden Härchen, zu entfernen.

Zutaten
6 mittelgroße Artischocken
Saft von 2 Zitronen
1 Zwiebel
50 g Speck (besonders fein ist Speck di Sauris)
Olivenöl
Salz, Pfeffer
100 ml Weißwein
1 Handvoll gehackte Petersilie
etwa 350 g Spaghetti
ev. geriebener Parmesan

Weinempfehlung
Sauvignon

Zubereitung
Die Artischocken putzen (die äußeren Blätter entfernen, von den restlichen das obere Drittel abschneiden, halbieren, eventuell das Heu entfernen, blättrig schneiden). Sofort in eine Schüssel mit viel Zitronensaft geben, damit sie nicht braun werden. Die Zwiebel fein hacken, den Speck würfeln. In einer Pfanne mit etwas Olivenöl beides glasig werden lassen, die Artischocken abtupfen und dazugeben. Alles salzen und pfeffern, kurz durchbraten lassen. Mit dem Weißwein aufgießen, zudecken und ein paar Minuten dünsten lassen. Inzwischen die Spaghetti in ausreichend Salzwasser al dente kochen. Jetzt das Artischockensugo mit der gehackten Petersilie vermischen. Spaghetti abgießen, in die Pfanne zum Sugo geben und 2 Minuten durchziehen lassen. Geriebener Parmesan drüber kann, aber muss keineswegs sein.

Frühling

Erste Hauptspeisen – Primi piatti

Artischockenlasagne

Lasagne di carciofi

Lasagne ist zweifellos eine der typischsten Speisen Italiens und auch im Friaul sehr beliebt. Ihre Geschichte soll bis zu den Römern zurückreichen. Es heißt, schon Cicero, der römische Schriftsteller und Philosoph, habe die „lagoni", dünne Teigstreifen, geschätzt, weil sie auch im Alter noch gut zu essen sind. Heute findet man in den verschiedenen Regionen des Landes unzählige Variationen der Lasagne. Unsere liebste Art ist die „Lasagne di carciofi".

Zutaten

Für den Teig:
300 g Mehl (Typ 00)
3 Eier
1 Prise Salz
(oder einfach gute, fertige Lasagneblätter nehmen)

Für die Fülle:
6 Artischocken
100 g Rohschinken (z. B. Prosciutto di San Daniele)
100 g Mozzarella
150 g Montasio (3 Monate alt)
100 g Topfen (Ricotta)
100 g Grana oder Parmesan
2 Esslöffel Olivenöl
⅛ l Weißwein
2 Schöpflöffel Nudelkochwasser
Zitronenwasser

Zubereitung

Teig: Das Mehl auf die Arbeitsfläche sieben (etwas übrig lassen, das wird eventuell später gebraucht), in der Mitte eine Mulde machen. Die Eier in einem Gefäß mit einer Gabel versprudeln, sodass sie eine homogene Flüssigkeit ergeben, so vermischen sie sich besser mit dem Mehl. In die Mehlmulde schütten und vorsichtig mit dem Mehl vermischen, bis sich ein Teig bildet. Diesen ein paar Minuten durchkneten, bis er schön glatt ist. Wenn der Teig zu weich ist, das restliche Mehl unterkneten. Den Teigball 30 Minuten rasten lassen. Dann entweder mit der Nudelmaschine oder mit dem Teigroller portionsweise ausrollen; die Teigflecken sollen etwa 1 mm dünn sein. In Quadrate schneiden, in Salzwasser kurz kochen – wenn sie aufsteigen, sind sie fertig. Wer es eilig hat, nimmt fertige Lasagneblätter und kocht sie entsprechend der Angaben auf der Packung vor.

Fülle: Den Rohschinken, den Mozzarella, den Montasio und den Topfen in kleine Stücke zerkleinern. Die Artischocken putzen (die äußeren Blätter entfernen und von den restlichen das obere Drittel wegschneiden, halbieren; bis alle geputzt sind, die Hälften in Zitronenwasser legen, damit sie nicht braun werden). Dann feinblättrig schneiden und in einer Pfanne mit dem Olivenöl kurz anbraten, mit dem Wein aufgießen und ein paar Minuten weich dünsten.

Frühling

Weinempfehlung
Pinot bianco
(Weißburgunder)
Chardonnay

Eine feuerfeste Form mit Olivenöl bestreichen, den Boden mit vorgekochten Lasagneblättern auslegen. Dann kommt eine Schicht Artischocken, Schinken, Mozzarella und Montasio. Wieder eine Lage Lasagneblätter einschichten, dann wieder Artischocken, Schinken und Käse drauf verteilen. Wiederholen, bis die Zutaten aufgebraucht sind. Ganz oben soll eine Lage Lasagneblätter sein, mit Montasio, dem Ricotta und dem geriebenen Parmesan obendrauf. Zwei Schöpflöffel des Nudelkochwassers zufügen. (Wenn man Lasagneblätter verwendet, die nicht vorgekocht werden müssen, einfach etwas Weißwein nehmen.)
Im vorgeheizten Backrohr bei 180°C etwa 15–20 Minuten braten, für die erste Hälfte der Bratzeit mit Alufolie abdecken..

Variante: Statt mit Artischocken kann man die Lasagne auch mit Radicchio machen. Dazu etwa ¾ kg Radicchio di Verona in dünne Streifen schneiden, mit einer Zwiebel und etwas Öl kurz durchbraten und dann wie die Artischocken auf die Lasagneblätter verteilen.

Zweite Hauptspeisen – Secondi piatti

Frühling

Überbackene Artischocken

Carciofi gratinati

„Tifosi di carciofi" – Artischockenfans – wie wir verarbeiten die geschätzten Blütenstände natürlich nicht nur als „antipasto" oder „primo" (siehe dort), sondern auch als „secondo", wenn mal eine fleischarme Hauptmahlzeit angesagt ist.

Zutaten
10 Artischocken
150 g Prosciutto di San Daniele (oder di Sauris)
300 g Mozzarella (vorzugsweise „di buffala", also den geschmackvolleren Büffelmozzarella, der auch im Friaul erzeugt wird)
Salz
Saft von 2 Zitronen

Weinempfehlung
Friulano
Sauvignon

Zubereitung
Die Artischocken von den harten Außenblättern befreien, das obere Drittel der verbleibenden Blätter abschneiden, die Artischocken der Länge nach vierteln und sofort in Zitronenwasser legen, damit sie nicht braun werden. In diesem Wasser werden die „carciofi"-Viertel dann gekocht (noch Salz beifügen), bis sie weich sind, aber noch nicht zerfallen. Das dauert etwa 10 Minuten. Die Artischocken aus dem Wasser nehmen, abtropfen lassen und in eine feuerfeste Form legen. Prosciutto di San Daniele in kleine Stückchen schneiden, ebenso den Mozzarella. Auf den Artischocken erst die Prosciuttostückchen, dann die Mozzarellastückchen verteilen. Im vorgeheizten Backrohr bei 180 °C 10–15 Minuten überbacken (bis der Mozzarella geschmolzen ist und Farbe bekommen hat).

Zweite Hauptspeisen – Secondi piatti

Friulanisches Kräuteromelette

Frittata alle erbe

Es war die erste Speise der friulanischen Küche, die wir für uns entdeckt haben. Kurz nachdem wir das Haus in Varmo gekauft hatten, fanden wir – wie schon in der Einleitung zu diesem Buch geschildert – an unserer Haustür ein Sackerl mit frischen Eiern. Wie sich nach einiger Recherche herausstellte, hatte ein völlig Unbekannter, der am Ende derselben Straße wohnte, zur Begrüßung der Neuankömmlinge die Eier an die Tür gehängt. Wir waren wirklich gerührt über diese freundliche Zuwendung. Aus einigen dieser Eier haben wir dann unsere erste Frittata gebraten.

Zutaten
8 große Eier
150 g frische, gehackte Kräuter (Petersilie, Schnittlauch, Bärlauch, Zitronenmelisse, Löwenzahn, Basilikum, Oregano, Fenchelgrün etc. in beliebiger Kombination)
1–2 Esslöffel geriebenen Parmesan
1 Esslöffel Olivenöl
Salz, Pfeffer

Weinempfehlung
Ribolla gialla
Cabernet franc

Zubereitung
Die Eier mit dem Salz und, wenn man mag, etwas Pfeffer mit einer Gabel verquirlen, aber nicht zu stark, sonst bilden sich zu viele Luftblasen und die Frittata brät nicht gleichmäßig durch. Die gehackten Kräuter und den geriebenen Parmesan dazumischen. In einer beschichteten Pfanne etwas Olivenöl erhitzen und die Eier dazugeben. Wenn diese gestockt sind, die Frittata mithilfe eines großen Deckels wenden (den Deckel über die Pfanne halten, das Ganze umdrehen und die Frittata wieder in die Pfanne gleiten lassen. Nochmals etwa 3 Minuten braten lassen. Gleich servieren.

Serviervorschlag: Wenn man eine große Pfanne nimmt, kann man die Frittata anschließend wie einen Kuchen in Portionen schneiden und so servieren. Oder man schneidet sie in Quadrate und schichtet jeweils drei davon übereinander.

Varianten: Die Frittata kann statt mit Kräutern auch mit klein geschnittenem Gemüse, Bohnen, Erbsen oder mit Salsiccia zubereitet werden.

Frühling

43

Zweite Hauptspeisen – Secondi piatti

Frühling

Friulanischer Käsefladen

Frico

Ein Klassiker der friulanischen Küche, egal ob im Frühling oder zu einer anderen Jahreszeit! Einst gab der Frico zusammen mit der Polenta den Waldarbeitern und den Bauern die nötige Kraft, heute kommt kaum eine Trattoria ohne ihn aus. Aber: Es gibt nicht einen Frico, es gibt viele Varianten, die als „secondo" oder auch als „piatto unico", also als Einzelgericht, serviert werden. Hier eine klassische Zubereitungsart.

Zutaten
500 g Kartoffeln
250 g Montasio
(6 Monate gereift)
250 g Montasio
(3 Monate gereift)
1 große Zwiebel
100 g Speck di Sauris
⅛ l klare Suppe
Olivenöl
Salz, Pfeffer

Weinempfehlung

Friulano
Pinot bianco (Weißburgunder)
Cabernet Sauvignon

Zubereitung
Die Zwiebel klein hacken, die Kartoffeln schälen und in kleine Stücke schneiden. Den Käse ebenfalls in kleine Stücke schneiden und die beiden Montasioarten vermischen. In einer beschichteten Pfanne die Zwiebelstücke und den Speck in etwas Olivenöl glasig werden lassen, die Kartoffeln dazugeben und einige Minuten lang immer wieder umrühren. Mit der klaren Suppe aufgießen. Wenn diese verdampft ist und die Kartoffeln weich sind, den Käse dazugeben, schmelzen lassen, anfangs mit einem Holzlöffel umrühren, dann die Masse von beiden Seiten bräunen lassen; also den Frico auch umdrehen (z. B. indem man die Pfanne vom Herd nimmt, einen großen Deckel drüberhält, dann das Ganze rasch umdreht und den Frico vom Deckel wieder in die Pfanne gleiten lässt). Auf einem großen Teller möglichst heiß servieren. Auf die Personen aufgeteilt wird der Frico bei Tisch.

Zweite Hauptspeisen – Secondi piatti

Frühling

Lammkoteletts mit Kräutern
Costolette di agnello alle erbe

Wenn es rund um die Osterzeit bei Fleischhauer Valentino Zanin in Camino al Tagliamento Lammkoteletts gibt und in unserem Garten die ersten Kräuter sprießen, dann gibt's kein Halten. Weil Valentino ein Garant dafür ist, dass es bei ihm nur Fleisch in bester Qualität gibt, zählen auch die Lammkoteletts zum Zartesten, was wir diesbezüglich bekommen können. Sicher gibt es auch in Ihrer Nähe so einen Fleischer oder Bauern, auf den Sie sich verlassen können – nicht nur in Sachen Lammfleisch.

Zutaten
12 Lammkoteletts
3 Esslöffel Olivenöl
1 Handvoll frischer Kräuter (vorzugsweise inklusive Zitronenmelisse und Rosmarin)
Saft einer Zitrone
etwas Salz

Weinempfehlung
Merlot
Cabernet franc

Zubereitung
Die Lammkoteletts für ein bis drei Stunden in eine Marinade aus dem Olivenöl, dem Zitronensaft und den gehackten Kräutern legen. Dann in einer beschichteten Pfanne scharf auf beiden Seiten jeweils etwa 2 Minuten anbraten. Die Pfanne vom Feuer nehmen, den Deckel daraufgeben und die Koteletts noch etwa 10 Minuten in der heißen Pfanne ziehen lassen.
Rasch servieren.

Dazu schmeckt frisches Weißbrot ebenso gut wie jeder grüne Salat.

Zweite Hauptspeisen – Secondi piatti

Rouladen mit Salsiccia

Involtini con salsiccia

Rezept von Valentino Zanin/Fleischermeister, Camino al Tagliamento

Auf Friulanisch werden diese Rouladen „ucej schampas" genannt, auf Italienisch „ucelli scappati" und „geflohene Vögel" auf Deutsch. Valentino Zanin, unser Fleischermeister-Freund aus Camino al Tagliamento, hat uns erklärt, woher dieser Name kommt: Die kleinen Rouladen sehen ein wenig aus wie die Vögel, die in vergangenen Zeiten gejagt, am Spieß gebraten und verspeist wurden. Gott sei Dank ist die Vogeljagd inzwischen verboten. Der Name der Rouladen ist geblieben.

Zutaten

16 kleine, dünne Scheiben vom Rind- oder Kalb- oder Schweinefleisch
600 g Salsiccia, zerkleinert
16 Salbeiblätter
16 hauchdünne Speckscheiben (im Original Lardo oder Pancetta, also Rücken- oder Bauchspeck)
Salz
1 Glas Weißwein
Olivenöl

Zubereitung

Die Fleischstücke klopfen, auf jedes Stück 30–40 g Salsiccia-Brät (das zerkleinerte Innenleben der Salsiccia) verteilen und zu einer Roulade einrollen. Auf jeder Roulade ein Salbeiblatt und eine Speckscheibe mit einem Zahnstocher fixieren. Olivenöl in einer Pfanne erhitzen, die „Involtini" darin von allen Seiten anbraten. Danach auf kleiner Flamme 4–5 Minuten Farbe annehmen lassen, dann den Weißwein zufügen, zudecken und alles etwa 20–25 Minuten schmurgeln lassen. Mit Polenta oder Kartoffelbrei servieren.

Weinempfehlung
Merlot
Refosco dal peduncolo rosso

Frühling

Beilagen – Contorni

Polenta

Polenta

Sie hat ihr Image als Armeleuteessen schon lang abgelegt. Ursprünglich wurde sie auch gar nicht als Beilage, sondern als Hauptspeise mit Butter und Käse gegessen: Heute kommt kaum ein Fleischgericht ohne Polenta auf den Tisch. Als Beilage für Fischgerichte wird statt dem gelben das weiße Polentamehl verwendet, das aus geschälten Maiskörnern weißer Sorten hergestellt wird.
Wenn Sie Wert auf biologische Produkte legen, hier gleich noch ein Tipp für Ihre nächste Friaulreise: Am südlichen Ortsrand von Codroipo an der Roggia (dem Kanal) di San Odorico wird im „Molino Zoratto" (in der Zoratto-Mühle) auf traditionelle Weise Mais gemahlen. Christian Zoratto und sein Vater Umberto setzen sich leidenschaftlich für die Verarbeitung von Mais (und natürlich auch Getreide) aus biologischem Anbau ein. Man schmeckt den Unterschied!
Und: Natürlich wird die Polenta nicht nur im Frühjahr gegessen, sondern das ganze Jahr über. Aber weil sie zu so vielen Speisen im Friaul einfach dazugehört, setzen wir sie gleich in den ersten Teil dieses Buches.

Zutaten
etwa 350 g Polentamehl
1,5 l Wasser
1 Esslöffel Salz
1 Teelöffel Butter

Weinempfehlung
Friulano
Merlot

Zubereitung
Am leichtesten geht es in einem beschichteten Topf, früher wurden wegen der gleichmäßigen Temperaturverteilung Kupfertöpfe verwendet: Das Wasser zum Kochen bringen, einen Esslöffel Salz hineingeben und dann das Polentamehl einrühren – langsam, damit keine Klumpen entstehen. Nach einer halben Stunde ständigen Rührens mit einem Holzlöffel beginnt sich die Polenta vom Topfrand zu lösen. Achtung: Jetzt nicht nachlassen mit dem Rühren, 45 Minuten sind das Minimum! Kurz vor dem Fertigwerden ein kleines Stückchen Butter zufügen, das macht die Polenta cremiger.
Wenn sie fertig ist, wird sie auf ein hölzernes Brett gegossen und mit einer Spachtel in eine kuchenähnliche Form gebracht. Wer es ganz traditionell haben will, schneidet die Polenta dann nicht mit einem Messer, sondern mit einem Faden in die gewünschten Portionen.

Frühling

Beilagen – Contorni

Frühling

Spargel mit Erbsen und Kartoffeln
Asparagi con piselli e patate

Rezept von Anna Maria Torresin/„Azienda Marsoni", Varmo

„È un contorno molto ricco!" –„Das ist eine sehr reichhaltige Beilage!", schwärmt Anna Maria und erfreut ihre Familie in der Spargelzeit gerne damit. Seit sie uns das einfache Rezept ans Herz gelegt hat, genießen auch wir diese Mischung – gelegentlich auch als Hauptspeise.

Zutaten
300 g Spargel (grün oder weiß)
250 g Erbsen
3 mittelgroße Kartoffeln
1–2 Schalotten
ev. ½ Glas Weißwein
3 Esslöffel Olivenöl
Salz

Weinempfehlung
Friulano

Zubereitung
Den Spargel schälen und in etwa 2 cm lange Stücke schneiden. Die Kartoffeln nicht zu weich kochen, schälen und vierteln, die Schalotte(n) klein hacken. In einer Pfanne mit dem Olivenöl die Schalotten glasig werden lassen, erst den Spargel und etwa 3 Minuten später die Erbsen dazumischen, den Weißwein dazugießen und alles ein paar Minuten dünsten lassen. Am Ende die Kartoffeln dazumischen, salzen und das Ganze noch ein wenig in der Pfanne durchziehen lassen.

Süßspeisen – Dolci

Osterbrot

Focaccia pasqualina

Rezept von Olga Dal Forno/Taverna „Al Pescatore", Marano Lagunare

Auch die Fischer in Marano Lagunare essen gerne Süßes! Manche nennen sie „colomba" (Taube), manche „focaccia" – gemeint ist jedenfalls eine österliche Süßspeise, die in der Küche von Olga Dal Forno, der Chefin der Taverna „Al Pescatore", entsteht und zu den Feiertagen in dieser Lagunengegend sehr geschätzt wird. Marano Lagunare hat in der Vergangenheit lange zu Venedig gehört, weshalb sich in der Altstadt, im Dialekt und auch in der Küche viel Venezianisches erhalten hat. Auch diese „Focaccia pasqualina" hat ihre Wurzeln dort.

Zutaten
300 g Mehl (Typ 00)
40 g Butter
60 g Zucker
1 Ei und 1 Eidotter
1 Handvoll Rosinen
etwas Rum
geriebene Schale einer Orange und einer Zitrone
1 Prise Salz
120 ml Milch
1 Päckchen Trockenhefe

Zubereitung
Die Rosinen im Rum einweichen. Die Hefe in der lauwarmen Milch auflösen, die Butter mit dem Zucker cremig rühren, das Ei, den Eidotter und eine Prise Salz dazurühren, danach das Mehl, die Milch mit der Hefe und die geriebene Orangen- und Zitronenschale dazugeben und zuletzt die Rosinen samt dem Rum. Alles sehr gut verkneten. Aus diesem Teig einen Brotlaib formen, in eine Schüssel legen, zudecken und 24 Stunden im Kühlschrank ruhen lassen. Am Tag danach nochmals durchkneten und eine Rolle von etwa 5 cm Durchmesser formen, daraus einen Zopf formen, dabei vorsichtig ein ganzes rohes Ei in den Zopf geben. Zur Dekoration kommen obendrauf zwei dünne Teigstreifchen in verknoteter Kreuzform, was die Colomba, die Taube, als Ostergruß symbolisiert. Im vorgeheizten Backrohr bei 180 °C etwa 40–45 Minuten backen.

Frühling

Süßspeisen – Dolci

Frühling

Pinze

Pinza

Rezept von Anna Nonis-Mason, Lignano

Mit der Pinze ist es so wie mit dem Frico oder den Teigtaschen Cjalsons: Es gibt nicht ein Rezept, sondern sehr viele Varianten, in der friulanischen genauso wie in der venetischen Küche. Die bei uns bekannte Osterpinze entspricht etwa der „Pinza triestina", der Pinze aus Triest. Deutlich anders ist nun dieses Rezept: Als wir mitten in den Fotoaufnahmen für dieses Kochbuch gesteckt sind, hat uns die Fotografin Mayda Mason von der köstlichen Pinze erzählt, die ihre Mutter Anna bäckt. Wie schön, dass wir dieses Rezept nun hier auch festhalten können. „Davvero una delicatezza!" – „Wirklich eine Köstlichkeit!"

Zutaten
¼ l Milch
¼ l Wasser
50 g Fenchelsamen
4 Eier
50 g Butter
4 Esslöffel Maiskeimöl
6 Esslöffel Zucker
250 g gelbes Maismehl (Polentamehl)
1 Päckchen Trockenhefe
1 Prise Salz
je ca. 50 g Pinolikerne, Walnüsse und Mandeln (grob gehackt)
250 g Rosinen
400 g getrocknete Feigen (in Stücke geschnitten)
die geriebene Schale einer Orange, der Saft einer Orange, die geriebene Schale einer Zitrone, etwas Vanillearoma
Weizenmehl (Typ 00) nach Bedarf
etwas Rohrzucker

Zubereitung
Die Rosinen und die Fenchelsamen in Wasser einweichen. In der Zwischenzeit die Eier mit dem Zucker cremig rühren und dann alle anderen Zutaten hineinmischen. Nach und nach so viel Weizenmehl dazukneten, dass ein kompakter, aber nicht zu harter Teig entsteht.
Die Rosinen und die Fenchelsamen dazukneten. Dann den Teig in eine rechteckige Backform geben, mit dem Rohrzucker bestreuen und im vorgeheizten Backrohr (Heißluft) bei 160 °C 30 – 40 Minuten backen.

Weinempfehlung
Verduzzo

Süßspeisen – Dolci

Kiwi-Mascarpone-Creme

Kiwis sollten Sie nicht nur mit Neuseeland assoziieren! Ganz hinten am Ende der Gasse, wo wir in Varmo wohnen, werden auf einem Feld Kiwis angebaut. Auch am Weg zur Apotheke gehen wir an einer kleinen Kiwiplantage vorbei. In den 1970er-Jahren ist der Kiwianbau im Friaul begonnen worden, inzwischen wächst auf mehr als 700 Hektar diese vitaminreiche Frucht. Von der Ernte im Spätherbst bis zum Frühjahr sind Kiwis in jedem friulanischen Obstgeschäft zu finden. Und wenn Sie einmal aus dem cremigen Frischkäse Mascarpone nicht nur Tiramisu machen wollen, dann versuchen Sie es doch mit dieser Kiwicreme:

Zutaten
4–5 reife, weiche Kiwis
300 g Mascarpone
100 g Zucker
3 Eigelb

Weinempfehlung
Süßer oder trockener Spumante

Zubereitung
Die Kiwis schälen und in Stückchen schneiden, vorher ein paar Scheiben für die Dekoration beiseitelegen. Die Stückchen pürieren. Eigelb mit dem Zucker schaumig verschlagen. Den Mascarpone einrühren und alles gut vermischen. Dann die pürierten Kiwis dazurühren. Auf vier Schüsselchen oder Gläser verteilen, mit den Kiwischeiben garnieren und servieren.

Frühling

Süßspeisen – Dolci

Ennios Kekse

Scrignolini di Ennio

Rezept von Ennio Furlan, Udine/Collegium der Küche in Friaul-Julisch Venetien

„Was heißt denn ‚scrignolini' auf Deutsch?", haben wir uns gefragt. Die Antwort ist einfach: „un scrigno" ist so etwas wie ein Schmuckstück. Und Schmuckstückchen sind Ennios Kekse ohne Zweifel. Ennio Furlan, vielfältiger Profikoch, macht sie mit unterschiedlichsten Zutaten, sogar mit Kräutern oder Pilzen. Aber wir mögen die klassischen Varianten am liebsten.

Zutaten
(für eine Menge Kekse, die mehr als ein paar Tage reichen dürfte)

300 g Mehl (Typ 00)
40 g Butter
60 g Zucker
1 Ei und 1 Eidotter
1 Handvoll Rosinen
etwas Rum
geriebene Schale einer Orange und einer Zitrone
1 Prise Salz
120 ml Milch
1 Päckchen Trockenhefe

Zubereitung

Alle Zutaten zusammenmischen (Butter bzw. Margarine sollten Raumtemperatur haben), langsam, aber mit Ausdauer zu einem homogenen Teig verkneten, im Zuge des Knetens eventuell etwas Milch zufügen. Kekse formen, Ennio macht länglich ovale Formen, ähnlich wie Nockerln. Im Backrohr bei nur 130 °C backen, bis die Kekse aufgegangen sind und etwas Farbe genommen haben (ca. 30 Minuten).

Ennio empfiehlt: „Keinesfalls Zitronensaft zum Teig mischen, das blockiert das Aufgehen der Kekse im Backrohr!"

Weinempfehlung
Verduzzo

Frühling

Süßspeisen – Dolci

Schokoladentorte

Torta al Cioccolato

Rezept von Samara Asquini-Cucchiaro, Virco (Bertiolo)

„Du hast den zweiten Preis gewonnen!" Es war Matteo, der mittlere Sohn von Samara, der bei einer Wohltätigkeitstombola anlässlich der „Festa del Vino" in Bertiolo ein riesiges, mehr als zehn Kilogramm schweres Schokoladenosterei gewonnen hatte. Er und seine Brüder Samuele und Tommaso waren begeistert. Daheim wurde das Ei von den dreien mit unglaublicher Begeisterung zerlegt – obwohl Ostern noch ein paar Wochen entfernt war. Aber die Kinder fanden: „Das ist schöner als Ostern!" Samara jedenfalls sah die Sache realistischer: „Und was machen wir jetzt mit zehn Kilo Schokolade?" Erst einmal eine Schokoladentorte und ihre nicht nur bei den Kindern beliebte Schokoladensalami!

Zutaten

Für den Teig:
250 g Mehl
100 g Zucker
100 g Butter
2 Eier
1 Päckchen Vanillezucker
1 Teelöffel Trockenhefe

Für die Creme:
250 g Schokolade
200 g Rahm
100 g halbierte Walnüsse
etwas warmes Wasser

Zubereitung

Alle Zutaten für den Teig verkneten, den Teig etwa 10 Minuten ruhen lassen. Für die Creme die Schokolade im Wasserbad auflösen, etwas warmes Wasser zugeben. Den Rahm einrühren und alles gut vermischen. Aus dem Teig zwei Kreise formen, den ersten in die Tortenform legen, die Creme darauf verteilen, mit dem zweiten Kreis zudecken, die Walnusshälften oben draufsetzen. Bei 180 °C etwa 20 Minuten im vorgeheizten Rohr (Heißluft) backen.

Frühling

Schokoladensalami

Salame al Cioccolato

Zutaten
200 g Schokolade
100 g Zucker
1 Ei
150–200 g trockene Kekse
ev. etwas Staubzucker

Weinempfehlung
Süßer Spumante Ramandolo

Zubereitung
Die Schokolade im Wasserbad auflösen, das Ei mit dem Zucker schaumig rühren, die Schokolade dazumischen, ebenso die in kleine Stückchen zerbröselten Kekse (zum Zerkleinern in einen Plastiksack füllen und draufschlagen). Die Mischung auf ein Backpapier geben und dieses zu einer Wurst zusammenrollen. Zwei Stunden ins Tiefkühlfach legen, dann in den Kühlschrank geben. Wenn man die Schokoladensalami danach noch in Staubzucker wälzt, bekommt sie tatsächlich die Optik einer echten Salami. Zum Essen in Scheiben schneiden.

Konservieren – Conservare

Frühling

Friulanische Kapern

Capperi friulani

Rezept von Ennio Furlan, Udine / Collegium der Köche von Friaul-Julisch Venetien

Eines Tages kam Ennio Furlan, der Kräuterexperte, und drückte uns ein kleines Glas in die Hand. Darauf stand: „Capperi friulani". Wir machten große Augen. An einer unserer Gartenmauern wächst zwar ein aus der Toskana mitgebrachter Kapernbusch, der viele Blüten und wenige Früchte trägt, aber sonst waren wir im Friaul noch nicht auf verarbeitungsfähige Kapern gestoßen. Ennio lüftete augenzwinkernd das Geheimnis: Er hatte Löwenzahnknospen eingelegt! In seinem Buch „Erbe ... e dintorni"(Kräuter und was dazugehört), erschienen in der Edizione Ribis, hat er viele seiner „Kräutergeheimnisse" aufbereitet.

Zutaten
(für etwa 3–4 Gläser à 250 ml)

170 ml Wasser
170 ml Essig
60 g Zucker
25 g grobes Salz
50 g Olivenöl
700 g Löwenzahnknospen
1 Gewürznelke
1 Lorbeerblatt
1 Majoranstängel
1 Thymianstängel
1 Knoblauchzehe
1 Büschel Schnittlauch

Zubereitung

In einem Topf Wasser, Essig, Zucker, Salz und Öl kurz durchmischen und dann alle anderen Zutaten hineingeben, auf mittlerer Flamme 10 Minuten kochen lassen. Abseihen, aber die Flüssigkeit behalten und nur die Löwenzahnknospen wieder hineintun und nochmals 5 Minuten kochen lassen. Die Knospen in sterilisierte Gläser füllen und mit der Flüssigkeit so auffüllen, dass sie nicht in Kontakt mit der Luft kommen. Fest verschließen. Nach acht Tagen kann man die Capperi friulani schon probieren.

Sie passen gut zu jeder Art Aufschnitt oder lassen sich wie die üblichen Kapern verwenden.

Weinempfehlung
Ramandolo
Verduzzo

Konservieren – Conservare

Spargel süßsauer eingelegt
Asparagi in agrodolce

Rezepte von Anna Maria Torresin/Azienda Agricola Marsoni, Varmo

„Probiert doch einmal den eingelegten Spargel, den macht Anna Maria selbst!" Gianluigi Marsoni drückte uns bei einem unserer Besuche zum Erwerb frischen Spargels ein Glas in die Hand. Umgehend haben wir gekostet und waren sofort begeistert. Zu Schinken, Salami, zu harten Eiern, zu Käse … es gibt kaum eine Vorspeisenplatte, zu der der eingelegte Spargel nicht hervorragend passt. Anna Maria hat uns dann verraten, wie auch außerhalb der Spargelsaison die feinen Stangen im Haushalt vorrätig bleiben können.

Zutaten
(für vier mit Spargel gefüllte Schraubgläser zu je ca. 750 ml):

ca. 1 kg weißen Spargel (dünneren verwenden!)
1 l Wasser
1 l sehr guten weißen Essig (eventuell den italienischen „Dolce agro")
2 gehäufte Esslöffel Zucker
2 gehäufte TL Salz

Zubereitung

Den Spargel schälen, auf die Länge der Gläser zuschneiden, in die man ihn einfüllen will, und hineinschichten – mit den Köpfen nach oben. Wasser, Essig, Zucker und Salz vermischen und die Gläser mit dem Spargel so befüllen, dass der Spargel ganz bedeckt ist. Die Gläser fest verschließen und sterilisieren. Dazu in einen großen Topf eine Stoffserviette oder ein Geschirrtuch auf den Boden legen, die Gläser so hineinstellen, dass sie nicht aneinanderstoßen, bis auf drei Viertel der Höhe der Gläser Wasser einfüllen. Auf kleiner Flamme zum Sieden bringen, ab dem Zeitpunkt, zu dem Bläschen aufsteigen, 15–20 Minuten (je nach Dicke des Spargels) sieden lassen. Vom Feuer nehmen, die Gläser im Wasser vollständig auskühlen lassen.
Etwa einen Monat an einem dunklen Ort aufbewahren, ehe Sie ihn erstmals verkosten. So konservierter Spargel hält sich viele Monate.

Tipp: Sie können auch grünen Spargel verwenden, der muss nicht geschält werden.

Frühling

Spargel in Olivenöl

Asparagi soll'olio

„Ein bisschen aufwendiger zu machen, aber auch sehr schmackhaft", machte uns Anna Maria Lust auch auf diese Art des Einlegens von Spargel.

Zutaten
2 kg nicht zu dicker weißer Spargel
½ l weißer Essig
½ l Weißwein
½ l Wasser
Olivenöl, ein paar Lorbeerblätter, eventuell ein paar getrocknete Pfefferonistückchen oder Pfefferonipulver

Zubereitung
Den Spargel schälen, auf die Länge der Gläser zuschneiden, in die er eingefüllt wird. Essig, Weißwein und Wasser in einen Topf geben, den Spargel dazutun. Kurz aufkochen lassen, wenn Blasen aufzusteigen beginnen, den Spargel herausnehmen und auskühlen lassen. Danach in die Gläser schichten (mit den Köpfen nach oben). In jedes Glas ein Lorbeerblatt geben und dann mit Olivenöl so auffüllen, dass der Spargel ganz bedeckt ist. Wenn man mag, ganz wenig getrockneten Pfefferoni oder Pfefferonipulver dazugeben. Die Gläser fest verschließen.

Konservieren – Conservare

Grappakirschen

Ciliegie sotto grappa

Rezepte von Anna Maria Torresin/Azienda Agricola Marsoni, Varmo

Manchmal schaffen wir es ja, von unserem kleinen Kirschbaum doch ein paar Kirschen zu bekommen, ehe die Vögel alles „geerntet" haben. Glücklicherweise haben wir Bekannte mit großen Bäumen, die uns gerne etwas von ihren prächtigen, prallen Kirschen abgeben. Auf diese Weise haben wir auch folgendes Rezept entdeckt: Damit uns der Genuss von Kirschen nicht nur im Frühling erfreut, legen wir welche in Grappa und haben so ein paar Wochen später im Sommer eine köstliche Beilage zu Eis oder Kuchen.

Zutaten
1 kg feste Kirschen
1 l Grappa
250 g Zucker

Zubereitung
Die Kirschen mitsamt den Stielen waschen, abtrocknen und dann die Stiele auf etwa ½ cm kürzen. Dann die Früchte in ein Glasgefäß schichten, den Zucker darüber verteilen und alles mit dem Grappa bedecken. Das Gefäß verschließen und kühl und dunkel vier bis sechs Wochen lang lagern. Dann sind die Grappakirschen fertig.

Tipp: Den durch die Kirschen aromatisierten Grappa kann man auch über Eis oder Kuchen geben, ein Löffelchen davon jedenfalls, oder man mischt ihn noch mit einer Wasser-Zucker-Lösung nach Art des Limoncino (siehe nächstes Rezept) und erhält so einen „Ciliegino" (Kirschenlikör).

Achtung: Weniger Zucker nehmen als beim Limoncino angegeben, denn Zucker haben Sie ja schon für die Kirschen zum Grappa gegeben. Probieren Sie einfach aus, wie süß Sie es gerne hätten!

Frühling

Konservieren – Conservare

Frühling

Zitronenlikör

Limoncino

Rezept von Daniela Tengattini-Asquini, Varmo

Es ist ja manchmal nicht leicht, aber es gelingt doch immer wieder, unbehandelte Zitronen zu finden. Die sind für die Limoncino-Produktion eine Voraussetzung. Wir haben es einfach: Unsere Zitronenbäumchen im Topf, die im Sommer in unserem Varmeser Garten die Sonne genießen und den Winter im Gartenhaus verbringen, erfreuen uns alle zwei Jahre mit einer üppigen Zitronenernte. Das erfreut auch unsere Freundin Daniela, die dann auch die für den „Limoncino" nötige Menge an Zitronen bekommt. Schließlich haben wir von ihr gelernt, wie man „Limoncino" macht.

Zutaten

10 Stück unbehandelte Zitronen
1 l Grappa
½ l Wasser
700 g Zucker (wenn Sie es weniger süß mögen, reichen auch 500 g)

Zubereitung

Die Zitronen schälen (Achtung: es darf nichts von der weißen Unterschale mitgehen, das macht den Limoncino bitter) und die Schalen in 1 Liter Grappa geben, das Gefäß verschließen. Nach ein bis zwei Tagen die Schalen herausfischen, den aromatisierten Grappa filtern (Kaffeefilter). ½ Liter Wasser erwärmen (nicht kochen), den Zucker darin auflösen, auskühlen lassen. Mit dem aromatisierten Grappa vermischen, in Flaschen (z. B. 3 Stück à ½ Liter) füllen und kühl stellen. Jetzt ist ein bisschen Geduld nötig, aber nach drei Monaten kann man den Limoncino genießen.

Variante 1: Man kann anstelle des Grappas auch reinen Alkohol (Apotheke) nehmen. Dann aber in einem Verhältnis 1:1 mischen, das heißt 1 Liter Alkohol mit 1 Liter Zuckerwasser, denn der reine Alkohol hat ja etwa 90 Volumenprozent, der Grappa normalerweise zwischen 40 und 50 Prozent. Aber wir finden: Mit Grappa schmeckt der Limoncino ohnehin besser.

Variante 2: Man kann statt unbehandelter Zitronen natürlich auch unbehandelte Orangen verwenden, also einen „Arancino" machen.

Konservieren – Conservare

Holunderblütensirup

Sciroppo ai fiori di sambuco

Wenn im Frühling Teile unseres Gartens vom Duft des blühenden Holunders erfüllt sind, sitzen wir gerne auf unserer Bank bei den Büschen und genießen. Um dieses Gefühl für das ganze Jahr zu konservieren, wird aus den Blüten der Sirup erzeugt, der mit Mineralwasser ein erfrischendes Getränk ergibt. Außerdem ergibt ein kleiner Schuss davon in ein Glas Spumante einen feinen „aperitivo".

Zutaten
3 l Wasser
3,5 kg Zucker
100 g Zitronensäure
24 Holunderblüten
(nicht waschen, nur abschütteln).

Zubereitung
Das Wasser in einem großen Topf erwärmen, den Zucker beifügen und auflösen. Den Topf vom Herd nehmen, die Zitronensäure dazugeben, danach die Holunderblüten. Umrühren. Einen Deckel auf den Topf legen, 24 Stunden stehen lassen, dann filtern (Kaffeefilter) und in Flaschen abfüllen. Gut verschließen.

Variante: Pro Liter Wasser 4 Holunderblüten verwenden, 1 Zitrone in Scheiben schneiden und auf die Blüten legen und 24 Stunden stehen lassen. Dann filtern. Die Flüssigkeit aufkochen, Zucker (1 kg pro Liter) und die Zitronensäure (20 g pro Liter) auflösen. Noch warm in Flaschen füllen, gut verschließen.

Frühling

Sommer

Vorspeisen – Antipasti

Frittierte Salbeiblätter

Salviata

Er ist nicht umzubringen, der Salbei in unserem friulanischen Garten. Die Büsche lieben die Sonne, wachsen rasch und nehmen es uns auch nicht übel, wenn sie im Sommer sehr oft viele Blätter hergeben müssen, weil wir Gusto darauf haben, diese zu frittieren.

Zutaten
**etwa 40 Salbeiblätter
40 kleine eingelegte
Sardellenfilets
1 Tasse Mehl
1 Ei
Öl zum Frittieren**

Weinempfehlung
Sauvignon
Spumante extra dry

Zubereitung
Die Salbeiblätter kurz abspülen, mit Küchenrollenpapier trocken tupfen. Auf jedes Blatt ein Stückchen Sardellenfilet legen, das Blatt einrollen und mit einem Zahnstocher fixieren.
In Mehl tauchen, abklopfen, damit nicht zu viel draufbleibt, ins versprudelte Ei tauchen. Wenn alle Salbeiblätter so vorbereitet sind, werden sie in heißes Frittieröl gegeben. Sobald sie Farbe nehmen (Achtung, nicht zu dunkel werden lassen!) auf Küchenpapier abtropfen lassen, auf einen großen Teller geben, mit geriebenem Parmesan bestreuen und gleich servieren.

Sommer

Vorspeisen – Antipasti

Frittierte Zucchiniblüten

Fiori di zucchine fritti

Wenn im Garten die Zucchini blühen, beobachten wir ganz intensiv, bei welchen Blüten sich Früchte entwickeln (den weiblichen) und welche Blüten einfach einen langen, dünnen Stängel haben (die männlichen). Unsere scherzhafte Formulierung „die unnützen männlichen Blüten" ist natürlich nicht männerfeindlich gemeint. Sie hilft aber zu definieren, welche Blüten man getrost zum Frittieren verwenden kann, ohne dabei die Zucchiniernte zu schmälern.

Zutaten
16 Zucchiniblüten
100 ml Bier
200 ml Milch
150 g Mehl
Salz
Öl zum Frittieren

Weinempfehlung
Ribolla gialla spumante

Zubereitung
Mehl, Milch, Bier und eine Prise Salz versprudeln, sodass ein nicht zu flüssiger Teig entsteht, eine halbe Stunde im Kühlschrank rasten lassen. Aus den Zucchiniblüten die Stempel entfernen (die sind nämlich bitter). Eventuell die Blüten mit einem dicken, weichen Pinsel reinigen (nicht unters Wasser halten).
In einer Pfanne Öl zum Frittieren erhitzen. Die Blüten in den Teig tauchen und ins Öl legen. Einmal umdrehen. Wenn der Teig Farbe bekommen hat, die Blüten herausfischen, auf Küchenpapier Öl abtropfen lassen und sofort servieren.

Variante: In demselben Frittierteig kann man auch junge Zucchini frittieren, wenn man sie mit dem Kartoffelschäler der Länge nach in ganz dünne Scheiben schneidet.

Vorspeisen – Antipasti

Geschmorte Paprika

Peperonata

An sich ist die „peperonata" ja ein Gericht, bei dem Paprika, Zwiebel und Tomaten gemeinsam geschmort werden und das traditionell zu Polenta gegessen wird. Wir haben eine Variante kennengelernt, für die ausschließlich Paprika zum Einsatz kommen. Wenn Sie es bunt mögen, können Sie dafür auch rote, gelbe und grüne Paprika gemeinsam verwenden.

Zutaten
4–5 große Paprika
2–3 Knoblauchzehen (je nachdem wie sehr man Knoblauch mag)
2 Handvoll frische Basilikumblätter oder 1 gehäufter Esslöffel getrocknete
Salz
5 Esslöffel Olivenöl

Weinempfehlung
Sauvignon
Merlot

Zubereitung
Die Paprika auf einem Blech ins vorgeheizte Rohr stellen und bei 200 °C Oberhitze oder der Grillfunktion so lange drinnen lassen und immer wieder drehen, bis die Haut rundherum Blasen geworfen hat. Dann die Paprika herausnehmen, der Länge nach halbieren, die Samen herausschneiden, die Haut abziehen (bei weniger fleischigen Paprika geht das nicht so gut, macht nichts, dann bleibt halt ein Teil drauf) und der Länge nach in etwa 3 cm breite Streifen schneiden. Diese werden leicht überlappend in eine feuerfeste Form geschichtet (mit der Hautseite nach unten). Dann aus dem Öl, dem fein gehackten Knoblauch, dem gehackten Basilikum und dem Salz eine Marinade anrühren und gleichmäßig über die Paprikascheiben verteilen. Bei 100 °C noch einmal für etwa 10 Minuten ins Rohr (Oberhitze/Unterhitze) geben, abschalten und noch eine halbe Stunde nachziehen lassen.

Tipp: Die Peperonata kann man warm oder kalt als Vorspeise (z. B. mit Salami oder Prosciutto) sowie als Beilage zu Braten oder Salsiccia oder mit Polenta als „Piatto unico", also als Einzelgericht, genießen.

Sommer

Vorspeisen – Antipasti

Sommer

Schmackhafte Sardellen

Sardele in savor

Rezept von Luisa Tomasini und Gianfranco Cutti/Hotel-Ristorante „Marea", Grado

„Was ist eigentlich der Unterschied zwischen Sardellen und Sardinen?", haben wir Binnenländler uns lange gefragt. Bis ein Fischer in Marano uns aufgeklärt hat: Sie gehören zur selben zoologischen Ordnung der „Heringsartigen", allerdings sind die Sardellen kleiner und müssen vor dem Verzehr im Allgemeinen nicht entgrätet werden. Sardellen werden auch Anchovis genannt. „Sarde" oder „sardele in savor" sind im Friaul und in Venetien gleichermaßen präsent (in Venedig haben wir auch Varianten gefunden, bei denen zu den Zwiebeln noch Pinoli und Rosinen gemischt werden).

Bei Luisa Tomasini und ihrem Mann Alfredo Gordini, den „padroni" des „Marea", haben wir eine Variante mit viel schwarzem Pfeffer schätzen gelernt. Küchenchef Gianfranco Cutti hat uns gerne gezeigt, wie er sie macht.

Zutaten
1 kg kleine Sardellen
1 kg Zwiebeln, in dünne Scheiben geschnitten
etwas Mehl
1 Esslöffel schwarze Pfefferkörner
2 Lorbeerblätter
⅛ l Weißweinessig
⅛ l Weißwein
Sonnenblumenöl zum Frittieren
etwas Salz

Weinempfehlung
Chardonnay
Spumante extra dry

Zubereitung

Die Sardellen putzen und die Köpfe abschneiden, bemehlen und in ausreichend heißem Öl in einer Pfanne frittieren, dann auf Küchenpapier abtropfen lassen und leicht salzen. Die in dünne Scheiben geschnittenen Zwiebeln in dem verbliebenen Öl dünsten, salzen und immer wieder umrühren. Wenn die Zwiebeln schön goldgelb sind, den Essig, den Weißwein, die Pfefferkörner und den Lorbeer dazugeben, eventuell nachsalzen. So lange kochen, bis die Flüssigkeit sich um die Hälfte reduziert hat.

In eine Terrine erst eine Lage Sardellen schichten, dann die Zwiebeln darübergeben, wieder eine Lage Sardellen einschichten usw. Das Ganze einen Tag im Kühlschrank durchziehen lassen. Rechtzeitig herausnehmen, denn serviert werden sollen die „sardele" mit Zimmertemperatur.

Erste Hauptspeisen – Primi piatti

Montasiokörbchen

Cestini di Montasio

In der Trattoria „Da Mario" in Prepotto lernten wir vor vielen Jahren erstmals Käsekörbchen kennen. Immer wieder stößt man in der friulanischen Küche auf solche Körbchen. Der Montasio stammt von dem gleichnamigen Hochplateau zu Füßen des über 2700 Meter hohen Jof di Montasio, nahe dem Sella Nevea südöstlich von Tarvis. Inzwischen wird dieser Käse aber an verschiedensten Produktionsstätten des Friaul und auch des Veneto erzeugt, entsprechend der Regeln des „Consorzio per la Tutela del Formaggio Montasio". Montasio fresco ist drei bis vier Monate gereift, Montasio Mezzano fünf bis zehn Monate, der Stagionato mehr als zehn Monate und der Stravecchio mindestens 18 Monate.

Zutaten
für 4 Körbchen

ca. 200–250 g Montasio (3 Monate gereift)

Weinempfehlung
Friulano
Chardonnay barrique

Zubereitung

Den Montasio reiben, mit dem Käse auf einem Stück Backpapier einen etwa zwei Millimeter dicken Kreis von etwa 12–13 cm Durchmesser bilden, das Backpapier vorsichtig in die Mikrowelle heben. Den Käse bei 600 Watt etwa eineinhalb Minuten lang zum Schmelzen bringen (Achtung: Dabei zuschauen, und wenn der Käse rascher schmilzt und Farbe bekommt, vorher stoppen; wenn er länger braucht, ein paar Sekunden dazugeben).

Dann das Backpapier mit dem geschmolzenen Käse rasch über ein verkehrt aufgestelltes Salat- oder Kompottschüsselchen legen, andrücken, sodass die Körbchenform entsteht und das Papier vorsichtig ablösen. Ein paar Minuten auskühlen lassen. Dann lässt sich das Käsekörbchen abnehmen und behält die Form. Das Schmelzen geht natürlich auch in einer beschichteten Pfanne.

Diese Montasiokörbchen kann man nun mit jedem Salat oder auch mit Risotto, einer Pasta etc. befüllen und als „primo piatto" servieren. Das sieht edel aus. Aber Vorsicht: Das heiße Risotto oder die Pasta erst ganz kurz vor dem Servieren einfüllen, sonst wird der Käse wieder weich und verliert die Form.

Variante: Anstatt ihn über ein Schüsselchen zu stürzen, kann man den geschmolzenen Käse, wenn er schon leicht ausgekühlt ist, wie ein Taschentuch zusammenknautschen. Solche Stücke lassen sich dann gut vor dem Antipasto als Appetithappen servieren. Man bricht einfach Stückchen davon ab und schnabuliert sie.

Sommer

Erste Hauptspeisen – Primi piatti

Sommer

Gefüllte Tomaten

Pomodori ripieni

Wenn man so „tomatensüchtig" ist wie wir, dann reicht es einfach nicht, die heiß geliebten „pomodori" einfach nur roh oder mit Mozzarella und Basilikum zu essen – so köstlich das auch ist. Wir hatten ja die österreichischen Varianten der gefüllten Tomaten (wie sie etwa unsere Mütter mit Reis, Erbsen oder auch Faschiertem etc. zubereitet haben) durchaus geschätzt, die „pomodori ripieni" mit der Salsiccia-Fülle wurden aber rasch unsere Favoriten.

Zutaten
8 mittelgroße Tomaten
2 Salsicce
150 g geriebener Montasio
1 Ei
2 Scheiben Toastbrot
Pfeffer
1 Handvoll Basilikumblätter, fein gehackt
ev. Semmelbrösel

Weinempfehlung
Sauvignon barrique
Chardonnay barrique

Zubereitung
Die Tomaten mit einem Teelöffel aushöhlen, die Samen entfernen und das Fruchtfleisch in kleine Stückchen schneiden.
Die ausgehöhlten Tomaten innen leicht salzen und kopfüber aufstellen. Den Salsicce die Haut abziehen und das Brät mit einer Gabel in kleine Stücke zerteilen. Das Toastbrot ebenfalls zerkleinern. Jetzt alles inklusive dem Ei, dem fein gehackten Basilikum und 100 g vom geriebenen Käse vermischen und ein paar Minuten durchziehen lassen. Wenn die Konsistenz zu flüssig ist, noch Semmelbrösel dazugeben. Dann die Tomaten damit füllen. Jetzt die Tomaten in eine geölte feuerfeste Form stellen, den restlichen Montasio oben darauf verteilen und für etwa 20–25 Minuten im vorgeheizten Backrohr (Heißluft) bei 170 °C überbacken.

Tipp: Wenn es im Sommer heiß ist und wir nicht viel Hunger haben, sind die gefüllten Tomaten natürlich auch ein wunderbares Einzelgericht (un „piatto unico"). Man kann dann statt zwei auch drei Stück pro Person machen.

Erste Hauptspeisen – Primi piatti

Würziger Strudel mit Montasio-Herz
Strucolo aromatico con cuore di Montasio

Rezept von Damjan Miklus/Osteria-Gostilna „Koršič", San Floriano del Collio

Die Gegend von Gorizia, so auch San Floriano del Collio, bietet immer wieder kulinarische Überraschungen. Wahrscheinlich auch deshalb, weil sich hier Traditionen von Friaul-Julisch Venetien und slowenische Einflüsse mischen und sich auch noch manche Erinnerung an die Habsburgermonarchie erhalten hat. Wenn all das mit dem Bestreben zusammentrifft, bei den Grundprodukten für die Küche nur beste Qualität zu verwenden und immer wieder kreativ die Traditionen in Neues zu verwandeln, dann ist das Anlass zum Schwelgen. Das ist der Fall in der Osteria-Gostilna „Koršič" bei Hadrijana Corsi und ihrem Mann Damjan Miklus. Damjan ist auch der Chef in der Küche. Sein „strucolo" hat nicht nur uns zu Koršič-Fans gemacht.

Zutaten

Für den Teig:
400 g altes Weißbrot
300 ml Milch
1 Handvoll frische gehackte Kräuter (Majoran, Thymian, wilder Fenchel, Schnittlauch)
2–3 Eier
Salz, Pfeffer
100 g frischer Topfen
100–200 g Mehl

Für die Fülle:
150 g frischer Montasio (oder anderen Latteria-Käse)

Zubereitung

Dem alten Brot die Kruste abschneiden und es dann in etwa 2 cm große Würfel schneiden. Diese in eine Schüssel geben und etwas lauwarme Milch dazugeben, dann das eingeweichte Brot energisch zerdrücken. Nicht zu viel Milch verwenden! Die gehackten Kräuter dazugeben, 1 Ei, Salz, Pfeffer, den Topfen und etwas Mehl dazukneten. Prüfen, ob der Teig die richtige Konsistenz hat: Dazu ein Teigkügelchen in kochendes Wasser geben, wenn es nicht kompakt bleibt, noch ein Ei und weiteres Mehl dazugeben. Den Teig nun auf einem mit Sonnenblumenöl bestrichenen Baumwolltuch auf etwa 1,5 cm Dicke ausrollen, ein langes, rechteckiges Stück vom Montasio auf den Teig legen, diesen drumherum rollen, sodass eine Strudelform entsteht. Die Enden zudrücken. Das Baumwolltuch einrollen und an den Enden zusammendrehen. Den Teig im Tuch in Salzwasser etwa 20 Minuten kochen. Aus dem Wasser nehmen und etwa eine Stunde auskühlen lassen.

Sommer

Für die Käsesauce:
100 ml Milch
100 g Gorgonzola
100 g Frischkäse
(z. B. Philadelphia)
Olivenöl
100 g Butter
8 Salbeiblätter
etwas geräucherter Ricotta

Damjan betont:
Die Mengenangaben können je nach Brotart, Topfen etc. natürlich etwas anders sein – einfach ausprobieren!

Diesen Strudel nun entweder im Kühlschrank aufheben oder gleich weiterverarbeiten: in Scheiben schneiden und in wenig Olivenöl auf beiden Seiten knusprig braten. In einer anderen Pfanne die Butter zerlassen und darin die in feine Streifen geschnittenen Salbeiblätter frittieren, bis sie knusprig sind. In einer weiteren Pfanne Gorgonzola und Streichkäse in etwas Milch auflösen und gut vermengen.
Zum Servieren erst etwas von der Käsesauce auf den Teller geben, dann gebratene Strudelscheiben darauflegen, den Salbei darauf verteilen und zuletzt etwas geräucherten Ricotta darüberreiben.

Weinempfehlung
Friulano
Malvasia

Erste Hauptspeisen – Primi piatti

Sommer

Gebratene Melanzani

Melanzane fritte

Wenn im Juni in unserem Garten die ersten Melanzani reif werden, löst die Aussicht auf frittierte Melanzani so ähnliche Glücksgefühle aus wie sie Kinder bei Pommes frittes haben. Dann gilt es nur noch, zu entscheiden: Welche ernten wir? Die runden, die länglichen, die hellen, die dunkleren? Im Prinzip ist es egal! Das Rezept funktioniert mit allen.

Zutaten
4 runde Melanzani
Salz
mildes Paprikapulver
Mehl
Olivenöl

Weinempfehlung
Schioppettino

Zubereitung
Die Melanzani in etwa 0,5 cm dicke Scheiben schneiden, salzen, für eine halbe Stunde in ein Sieb legen (das entzieht ihnen Bitterstoffe und Wasser), abtupfen. Dann jede Scheibe auf beiden Seiten mit einer Prise Paprikapulver bestreuen und mit Mehl stauben. In der Pfanne in heißem Öl braten, bis sie eine schöne, goldene Farbe haben. Auf Teller verteilen und sofort servieren!

Tipp: Wer mag, kann etwas Grana oder Parmesan oder geräucherten Ricotta darüberreiben.

Variante: Auf dieselbe Art braten wir auch gerne Zucchinischeiben.

Erste Hauptspeisen – Primi piatti

Zucchininudeln

Pasta con zucchine

Kennen Sie das auch: „Zucchinischwemme" im sommerlichen Gemüsegarten? Egal auf welche Art Nudeln Sie Lust haben, mit Zucchini lassen sie sich jedenfalls ganz einfach in eine Gaumenfreude verwandeln. Mit diesem Rezept haben wir bei friulanischen Mittagessen schon Gäste überzeugt, die sich nicht von vornherein in die Reihen der Zucchinifans eingereiht hätten.

Zutaten

400 g Pasta (Spaghetti, Penne, Fusilli o. Ä.)
4 Zucchini (10–12 cm lang)
200 ml Rahm (panna)
150 g geriebenen Grana oder Parmesan
Salz, Pfeffer

Weinempfehlung
Friulano

Zubereitung

Die Pasta im Salzwasser kochen, etwa 2 Minuten vor Ende der vorgesehenen Kochzeit die per Gurkenhobel in feine Scheiben geschnittenen Zucchini zu den Nudeln ins Salzwasser geben. Achtung: Die Zucchini dürfen nicht zu weich werden! Dann alles abseihen.

In einer Pfanne den Rahm erwärmen, den geriebenen Käse dazugeben, bis er sich aufgelöst hat, pfeffern, ev. mit Salz abschmecken. Dann das Nudel-Zucchini-Gemisch dazugeben, 1–2 Minuten durchziehen lassen und sofort in tiefen Tellern servieren. Wer mag, kann noch zusätzlich Käse darüberreiben.

Sommer

Erste Hauptspeisen – Primi piatti

Sommer

Pfirsichrisotto

Risotto alle pesche

Zwischen Grado und der Isonzomündung liegt Friauls Pfirsich-Eldorado: In und um den Ort Fiumicello werden viele verschiedene Pfirsichsorten gezogen. Das Pfirsichfest ist schon seit etwa fünfzig Jahren eine sommerliche Attraktion der Gegend. Dort haben wir auch gelernt, dass sich aus Pfirsichen ein besonders feines Risotto erzeugen lässt.

Zutaten
350–400 g Reis (Arborio, Carnaroli)
3 große Pfirsiche mit gelbem Fleisch
50 g Butter
½ Zwiebel oder 1 Schalotte
⅛ l Weißwein
1,5 l klare Gemüsebrühe
4 Esslöffel geriebenen Parmesan
Salz, Pfeffer

Zubereitung
Die Zwiebel sehr fein hacken und mit der Hälfte der Butter in einem Topf andünsten. Den Reis dazugeben und bei großer Hitze rasch glasig werden lassen. Mit dem Wein aufgießen und köcheln lassen, bis die Flüssigkeit aufgesaugt ist. Dann die Gemüsebrühe zugeben und alles weiter köcheln lassen. Die Pfirsiche schälen und in kleine Stücke schneiden und etwa bei der Hälfte der Kochzeit zum Reis mischen. Zum Schluss salzen, pfeffern und mit der restlichen Butter und dem geriebenen Parmesan vermischen. Das Risotto 2–3 Minuten stehen lassen, dann auf die Teller verteilen und eventuell noch etwas Parmesan drüberreiben.

Weinempfehlung
Malvasia
Sauvignon

Erste Hauptspeisen – Primi piatti

Spaghetti mit Venusmuscheln

Spaghetti vongole

Rezept von Daniela Tengattini-Asquini, Varmo

Wenn Daniela bei dem Fischer, der freitags fallweise nach Varmo kommt, Vongole findet und dann „Spaghetti vongole" macht, ist ihr Mann Rosano nicht zu halten: Es ist eine seiner Lieblingsspeisen! Bei uns ist das nicht anders. Abgesehen von denen, mit denen Daniela auch uns erfreut, ist es für uns einer unserer Tests über die Qualität einer Trattoria oder eines Ristorante, wie gut die „Spaghetti vongole" sind.

Zutaten
1 kg frische Venusmuscheln (nach Möglichkeit die größeren Vongole veraci)
1 Handvoll Petersilie, gehackt
Salz, Pfeffer
1 Knoblauchzehe, Olivenöl
150 ml Weißwein
400–500 g Spaghetti (je nach Größe des Hungers beziehungsweise je nachdem, ob es sonst noch einen Gang gibt)

Weinempfehlung
Pinot grigio (Grauburgunder)
Chardonnay

Zubereitung
Die Venusmuscheln mit etwas Salz für eine Stunde in frisches Wasser geben. Dann sehr gut spülen, am besten unter fließendem Wasser, damit der Sand weggespült wird. Eine große Pfanne erhitzen, die Vongole hineingeben und schauen, ob sich alle öffnen. Jene, die geschlossen bleiben, entfernen. Dann Olivenöl, eine gehackte Knoblauchzehe, eine Handvoll gehackter Petersilie, Salz, Pfeffer und den Weißwein dazugeben. Kurz dünsten lassen. Parallel dazu die Spaghetti al dente kochen, abseihen und dann mit den Muscheln vermischen. Ein, zwei Minuten durchziehen lassen und sofort servieren.

Tipp: Ob man/frau zu solchen Spaghetti geriebenen Parmesan isst oder nicht, ist eine Glaubensfrage. „Niemals Käse zu Nudeln mit Fisch oder Meeresfrüchten", lautet die klassische Denkschule, die andere Fraktion hat Geschmacksnerven, die trotz solcher ehernen Regeln ein bisschen Käse darüber wollen. Wir nicht. Aber wir haben beobachtet, dass diesbezüglich das Pro und Kontra quer durch italienische, auch friulanische, Familien geht. Also einfach selbst ausprobieren.

Sommer

Erste Hauptspeisen – Primi piatti

Überbackene Herzmuscheln

Fasolari gratinati

Rezept von Olga Del Forno/Taverna „Al Pescatore", Marano Lagunare

Wenn im Sommer in Marano Lagunare die „Festa dei Fasolari" – das „Fest der Herzmuscheln" – gefeiert wird, sind die Bänke auf dem Platz am Hafen dicht gefüllt. In der ehemaligen Fischhalle wird vielerlei Meerestier gekocht, gebraten und frittiert; natürlich werden auch die meist wenig beachteten Fasolari aufgetischt. Aber noch besser schmeckt es uns ein paar Schritte weiter die Mole entlang bei Olga Del Forno in der Taverna „Al Pescatore". Hier schlemmen Fischer und „Zugereiste" wie wir gleichermaßen. Olgas überbackene Fasolari und die Bavette mit Fasolarisugo (siehe S. 99) sind einfach zum Niederknien!

Zutaten
2 kg Fasolari
4 Esslöffel Semmelbrösel
2 Esslöffel geriebenen Parmesan
1–2 Stängel gehackte Petersilie
die geriebene Schale einer Zitrone und auch etwas Zitronensaft
1 Schuss trockener Weißwein
Pfeffer, Salz
1 Knoblauchzehe

Weinempfehlung
Friulano
Sauvignon

Zubereitung
Die Fasolari am besten roh öffnen oder in ganz wenig Wasser kochen, bis sie aufgehen. (Wenn sie zu lange gekocht werden, werden sie zäh.) Das Muschelfleisch aus der Schale lösen, den schwarzen Teil entfernen, denn der ist voller Sand), den Rest gut unter fließendem Wasser abspülen bis wirklich der ganze Sand entfernt ist.

Jetzt das Muschelfleisch ganz fein zerkleinern, mit den Semmelbröseln, dem geriebenen Parmesan, der fein gehackten Petersilie, der geriebenen Zitronenschale und etwas Zitronensaft, einem Schuss Weißwein, einer Prise Salz, Pfeffer und dem gehackten Knoblauch vermischen. Es soll eine weiche Masse entstehen.

Die Muschelschalen waschen, abtrocknen und auf der Innenseite leicht mit Öl bestreichen. Jetzt die Masse mit dem Muschelfleisch in die Schalen verteilen, aber nicht zusammenpressen. Im vorgeheizten Backrohr bei 180 °C 15–20 Minuten backen. Sofort servieren.

Variante: Wenn man keine Fasolari bekommt, kann man das Rezept natürlich auch mit Jakobsmuscheln/Capesante machen.

Sommer

Bavette mit Fasolarisugo
Bavette con il sugo di fasolari

Zutaten
2 kg Fasolari
1 Knoblauchzehe
⅛ l Weißwein
250 g Kirschtomaten
Salz, Pfeffer
etwa 350–400 g Bavette
(eine Art Tagliatelle)
Olivenöl

Zubereitung
Die Fasolari wie beim Rezept auf S. 98 beschrieben öffnen und abspülen. Das Muschelfleisch grob zerhacken. Olivenöl mit gehacktem Knoblauch erhitzen, die Fasolari dazugeben, kurz braten, mit dem Wein aufgießen, die in Stücke geschnittenen Kirschtomaten dazugeben, mit Salz und Pfeffer abschmecken, nur kurz kochen, sonst – siehe oben – werden die Fasolari zäh. Die Bavette nicht zu weich kochen und mit dem Fasolarisugo vermischen.

Weinempfehlung
Pinot grigio (Grauburgunder)
Sauvignon
Chardonnay

Zweite Hauptspeisen – Secondi piatti

Sommer

Gradeser Boreto (geschmorter Fisch)
Boreto a la graisana

Rezept von Luisa Tomasini und Gianfranco Cutti/Hotel Ristorante „Marea", Grado

Was einst den Fischern als unverkäuflich in den Netzen blieb, wurde von ihnen zu Hause zu „boreto" verarbeitet. Bis heute ist der „boreto" eine der typischsten Speisen von Grado. Allerdings wird er nicht mehr mit „Überbleibseln", sondern mit den besten Fischen gekocht. So auch von Luisa Tomasini, der Chefin des Hotel Ristorante „Marea" und ihrem Küchenchef Gianfranco Cutti. Das ist direkt an der Promenade zu finden und hat unserer Meinung nach die schönste Terrasse von Grado mit direktem Blick auf den Sonnenuntergang.

Zutaten
2 kg gemischten Fisch (z. B. Scholle, Goldbrasse, Seebarsch, Seeteufel)
½ Glas Weinessig
grobes Salz
Pfeffer
3 Knoblauchzehen
6 Löffel Sonnenblumenöl
1 Topf mit Wasser

Weinempfehlung
Pinot nero (Blauburgunder)

Zubereitung
Die Fische putzen, in mittelgroße Stücke schneiden, die Köpfe aufbewahren. In einer Pfanne den Knoblauch gut anbraten, herausnehmen und die Fischköpfe in die Pfanne geben (das Fett, das sie abgeben, macht die Sauce dichter und geschmackvoller). Die anderen Fischstücke dazugeben. Achten Sie darauf, dass Sie sich nicht verbrennen, das Öl ist sehr heiß. Alles salzen, pfeffern und dann den Essig beifügen und einkochen lassen. Nicht mit einem Löffel umrühren, sondern nur die Pfanne schwenken. So viel Wasser beifügen, dass die Fischstücke fast bedeckt sind. Ungefähr 10–15 Minuten lang reduzieren lassen (ohne Deckel bei großer Flamme), bis der Sud ganz dick ist. Mit weißer Polenta servieren.

Zweite Hauptspeisen – Secondi piatti

Geschmorter Fisch aus Marano Lagunare
Boreto de can di Marano Lagunare

Rezept von Olga Dal Forno /Taverna „Al Pescatore", Marano Lagunare

Wie in Grado findet man auch im Fischerort Marano Lagunare Varianten des typischen „boreto", des geschmorten Fischs. Olga macht in ihrer Taverna „Al Pescatore" den „boreto de can", verwendet also „pescecane" (Hai). Natürlich kann man genauso Steinbutt/Rombo, Goldbrasse/Orata, Seebarsch/Branzino oder Aal/Anguilla verwenden.

Zutaten
1 kg Fisch (siehe oben)
1 Zwiebel
4 Knoblauchzehen
4 Lorbeerblätter
1 Löffel Tomatensugo
2 Sardellenfilets
½ Glas heller Weinessig
Pfeffer

Zubereitung
Den Fisch in Stücke schneiden. Die Zwiebel hacken und anbraten, Knoblauchzehen, Lorbeerblätter und Sardellenfilets dazugeben. Den Fisch von beiden Seiten anbraten, den Essig zufügen, dann das Tomatensugo dazugeben und alles etwa eine halbe Stunde auf kleiner Flamme köcheln lassen. Am Schluss den boreto mit Pfeffer würzen. Mit weißer Polenta servieren.

Weinempfehlung
Merlot

Sommer

Zweite Hauptspeisen – Secondi piatti

Sommer

Trilogie vom Thunfisch mit gemischtem Gemüse
Trilogia di tonno con misticanza di verdure

Rezept von Roberto Marchesan/Locanda „Vil di Vàr", Varmo

Wir sind so glücklich, in unserem Ort Varmo ein Lokal mit bester Fischküche zu haben: die Locanda „Vil di Vàr". Dort kocht Roberto Marchesan; Andreina Satta und ihr Mann Gianni Zedda sorgen außerhalb der Küche für das Wohl der Gäste. Seit diese drei die Locanda führen, müssen wir nicht mehr unbedingt ans Meer fahren, um unseren Gusto auf Fisch zu stillen. Und weil Andreina aus Sardinien stammt, birgt die Karte auch immer sardische Spezialitäten. Nicht eine Sekunde haben Roberto und Andreina gezögert, als wir sie für dieses Buch nach einem Rezept gefragt haben. Wirklich einfach zu machen und einfach wunderbar ist diese Trilogie vom Thunfisch.

Zutaten
600 g frischer Thunfisch
100 g Mohn
100 g Kokosraspel
100 g fein gehackte Mandeln
1 Paprika (rot oder gelb)
2 Karotten
1 kleiner Zucchino
1 Schalotte
Olivenöl
Salz, Pfeffer

Weinempfehlung
Chardonnay

Zubereitung
Den Thunfisch in 12 gleiche Teile schneiden (3 pro Person). Ganz leicht salzen, mit Olivenöl bestreichen und je vier Stück in Mohn, Mandeln und den Kokosraspeln wälzen.

Das Gemüse kleinwürfelig schneiden und gemeinsam mit der gehackten Schalotte in einer Pfanne etwa 3 Minuten durchbraten, salzen, pfeffern. Die panierten Thunfischstücke in einer beschichteten Pfanne mit wenig Öl auf jeder Seite etwa 1 Minute auf kleiner Flamme braten. Der Thunfisch soll innen noch rosa sein.

In der Mitte eines Tellers das Gemüse postieren, je ein Thunfischstück mit Mohn, Mandeln und Kokos rundherum legen, nach Geschmack garnieren.

Zweite Hauptspeisen – Secondi piatti

Geschmorter Seeteufel
Coda di rospo in umido

Zugegeben, den Seeteufel (auch „Angler" genannt) isst man lieber, wenn man nicht vor Augen hat, wie er insgesamt aussieht. Wer mag schließlich schon so etwas wie einen kleinen Drachen verzehren? Aber das Fleisch des „coda di rospo" (Schwanz des Seeteufels) ist vorzüglich. Und man erspart sich das Grätensuchen, denn der Seeteufel ist ein Knorpelfisch.

Zutaten
4 große oder 8 kleine Filets vom Coda di Rospo
300 g Tomatensugo (oder notfalls geschälte Tomaten aus der Dose)
1 Knoblauchzehe
ein paar Kapern
1 Prise Pfefferonipulver
⅛ l trockener Weißwein
Olivenöl
Salz, Pfeffer
etwas gehackte Petersilie

Weinempfehlung
Friulano
Chardonnay

Zubereitung
Olivenöl mit der Knoblauchzehe in einem beschichteten Topf erhitzen, den Knoblauch entfernen, die Filets ganz kurz von beiden Seiten anbraten. Mit Weißwein aufgießen, etwas einkochen lassen, dann die gehackten Kapern und das Tomatensugo dazugeben, salzen, pfeffern, eine Prise Pfefferonipulver dazugeben, alles etwa 30 Minuten köcheln lassen. Vor dem Servieren mit etwas gehackter Petersilie bestreuen.

Tipp: Auf Art dieses traditionellen Rezeptes aus Marano Lagunare kann man natürlich auch andere Fischarten zubereiten, etwa Lachs oder auch den bei uns wenig bekannten „palombo", den Glatthai.

Sommer

Zweite Hauptspeisen – Secondi piatti

Sommer

Gebratene Sardinen

Sarde in padella

Rezept von Raffaella Nardini-Komjanc/Azienda „Alessio Komjanc & figli",
Giasbana di San Floriano del Collio

Das Winzerpaar Roberto und Raffaella Komjanc produziert nicht nur vorzügliche Weine, sie beschäftigen sich auch sehr mit dem Bewahren der Traditionen in der Küche. Sie widmen sich nicht nur derjenigen aus der Gegend San Floriano del Collio (dort befindet sich das Weingut „Alessio Komjanc & Söhne"), sondern ihr Blick richtet sich auch auf andere Teile von Venezia Giulia, also jenem Teil der Region Friuli Venezia Giulia, der sich – grob gesprochen – von der Gegend Gorizia bis Triest erstreckt. Vater Alessio konzentriert sich inzwischen auf die Produktion besten Olivenöls, das natürlich auch der hauseigenen Küche zugute kommt.

Zutaten
**600 g kleine Sardinen
(etwa 10 cm lang)
Mehl
Olivenöl zum Braten
Salz
Petersilie**

Zubereitung
Die Sardinen gut waschen, abtrocknen, in Mehl wälzen und in einer Pfanne mit heißem Öl braten, bis sie etwas Farbe nehmen. Herausnehmen, auf eine vorgeheizte Platte legen, salzen und mit etwas gehackter Petersilie bestreuen. Sofort servieren.

Als Beilage schmecken gut süßsauer Eingelegtes oder kurz in Butter geschwenkte Kirschtomaten.

Weinempfehlung
Sauvignon
Traminer aromatico

Zweite Hauptspeisen – Secondi piatti

Meeresfrüchtesugo

Frutti di mare al sugo

*Rezept von Raffaella Nardini-Komjanc/Azienda „Alessio Komjanc & figli",
Giasbana di San Floriano del Collio*

Der „gusto del mare" – der Geschmack des Meeres – ist in der Küche der Provinz Gorizia, also auch in der Komjanc'schen Küche, in vielfältiger Form präsent. Fisch beziehungsweise Meeresfrüchte bekommt Raffaella im Fischgeschäft „Da Michele" in Gorizia, dort ist Michele Mattessich stets um frischeste und beste Qualität für seine Kunden bemüht. Und wenn dann auch noch Raffaellas und Robertos Sohn Mosè die frischen Nudeln zu diesem Sugo macht (was ihm die „nonna", Raffaellas Mutter, beigebracht hat), steht dem Genuss nichts mehr im Wege!

Zutaten

200 g kleine Seppie (Tintenfische)
200 g ausgelöste Gamberetti (Garnelen)
100 g ausgelöste Canestrelli (kleine Jakobsmuscheln)
100 g Vongole (Venusmuscheln)
½ Zwiebel
1 Knoblauchzehe
¾ l Tomatensugo (am besten selbst eingekochte Salsa di Pomodoro)
2 Esslöffel Olivenöl
1 knapper Esslöffel Kapern
Salz

Zubereitung

Die Tintenfische putzen, klein schneiden und auf kleiner Flamme langsam in Wasser (ohne Salz) kochen bis sie weich sind, dann aus dem Wasser fischen und abtropfen lassen. Inzwischen die Gamberetti, die Canestrelli und die Vongole kurz in wenig Wasser erhitzen, auslösen, abspülen und trocken tupfen. Die Zwiebel in größere Stücke schneiden, die Knoblauchzehe halbieren. In einer Pfanne das Olivenöl mit der Zwiebel und dem Knoblauch erhitzen. Dann Zwiebel und Knoblauch aus dem Öl nehmen, die Tintenfischstücke, die Gamberetti und das Muschelfleisch ins Öl geben, kurz durchrühren, die Kapern dazumischen und dann das Tomatensugo dazugießen. Mit Salz abschmecken (Achtung: Wenn die Kapern in Salz eingelegt waren, ist kaum noch anderes Salz nötig). Auf kleiner Flamme etwa eine Viertelstunde köcheln lassen.

Weinempfehlung

Sauvignon
Traminer aromatico

Dazu schmecken:

Frische Nudeln

Pasta fresca

Zutaten
400 g Mehl
4 mittelgroße Eier
Salz

Zubereitung
Aus den Zutaten einen festen Teig kneten. Wenn er zu weich wird, mehr Mehl zugeben, wenn er zu fest wird, ein paar Tropfen Wasser.

Den Teig portionsweise mehrere Male durch eine Nudelmaschine drehen (oder mit dem Nudelholz ausrollen, zwei, drei Mal wieder zusammenkneten und so lange ausrollen, bis er ganz dünn ist). Die dünnen Teigbahnen mit dem entsprechenden Aufsatz der Nudelmaschine oder mit einem Messer in ganz feine Streifen schneiden. Etwas trocknen lassen, ehe man sie im Salzwasser zwei bis drei Minuten kocht.

Zweite Hauptspeisen – Secondi piatti

Schmackhafte, gefüllte Calamari
Calamari saporiti

Frittierte Calamari sind ein Klassiker, den auch wir gerne essen! Aber wir haben in einem Fischgeschäft eine feine Alternative empfohlen bekommen, dieses Rezept für gefüllte Calamari sofort ausprobiert und in unser oft gekochtes Repertoire aufgenommen. Und wir finden: Die Calamari schmecken so zubereitet nicht nur sehr gut, das Rezept ist auch sehr praktisch, wenn man Gäste erwartet, weil man in Ruhe vorkochen kann.

Zutaten

8 mittelgroße Calamari
4 Sardellenfilets
1 Knoblauchzehe
1 Büschel Petersilie
1 großer Paprika
1 Ei
2 Schalotten
1 Karotte
400 g Tomatensugo (notfalls auch geschälte Tomaten aus der Dose)
3–4 Blätter Basilikum
Semmelbrösel
4 Esslöffel Öl
Salz, Pfeffer

Weinempfehlung
Pinot grigio (Grauburgunder)
Sauvignon

Zubereitung

Die Calamari putzen (das heißt das Innere reinigen, das durchsichtige Rückgrat herausziehen, Kopf und Gedärme herausholen, eventuell vorhandene Haut abziehen). Oder Sie lassen all das am besten schon den Fischhändler machen. Die Tentakel abtrennen und klein schneiden.

Den Paprika ganz klein schneiden, mit den zerkleinerten Sardellenfilets, den Tentakeln, dem rohen Ei, dem fein gehackten Knoblauch und der gehackten Petersilie vermischen und mit Semmelbröseln binden. Leicht salzen und pfeffern. Diese Mischung nun in die Calamari füllen und die Öffnung mit einem Zahnstocher verschließen.

Karotte und Schalotten klein schneiden, in einer beschichteten Pfanne mit dem Öl anbraten, die Calamari dazugeben, auch diese ein paar Minuten anbraten lassen. Jetzt das Tomatensugo dazugießen, die gehackten Basilikumblätter dazugeben, alles salzen und auf kleiner Flamme ganz langsam eine gute Stunde lang köcheln lassen (wenn man Calamari schnell kocht, werden sie leicht zäh). Eventuell gelegentlich etwas warmes Wasser dazugeben, damit das Sugo flüssig bleibt. Vor dem Servieren die Zahnstocher von den Calamari entfernen.

Tipp: Achtung, nicht zu viel Fülle in die Calamari geben, sie quillt nämlich etwas auf und kommt bei der Öffnung heraus oder die Calamari platzen.

Sommer

Zweite Hauptspeisen – Secondi piatti

Sommer

Wolfsbarsch in Salzkruste

Branzino al sale

Rezept von Luisa Tomasini und Gianfranco Cutti/Hotel Ristorante „Marea", Grado

Einen Sommer ohne „branzino al sale" kann es nicht geben, finden jedenfalls wir. Bei Luisa Tomasini und ihrem Mann Alfredo Gordini, dem Besitzerehepaar des Hotel Ristorante „Marea" sind wir auch diesbezüglich stets gut aufgehoben. Ein scheinbar einfaches Rezept, das aber doch einiges Fingerspitzengefühl verlangt, wie wir beobachten, als wir Küchenchef Gianfranco Cutti zuschauen. Nehmen Sie jedenfalls nie einen zu kleinen Fisch für dieses Rezept, der trocknet durch das Salz zu sehr aus! Und eben deshalb auch ja nicht zu lange im Rohr lassen!

Zutaten
1 Branzino von ca. 1 kg (vom Fischhändler kochfertig machen lassen)
2 kg grobes Salz
Olivenöl zum Würzen

Weinempfehlung
Friulano, Sauvignon
Pinot grigio (Grauburgunder)
Chardonnay

Zubereitung

Das Backrohr auf 200 °C vorheizen (Ober-/Unterhitze). Den Branzino unter fließendem Wasser abwaschen und abtrocknen. 1 kg Salz in eine feuerfeste Terrine geben, den Branzino drauflegen und den Fisch mit dem zweiten Kilogramm vollständig bedecken. Ins Rohr stellen und etwa 30 Minuten backen. Am Ende der Backzeit das Salz entfernen, das nicht eine feste Kruste am Fisch bildet. Dann diese Kruste mit einem Messer durchbrechen und möglichst mit der Haut des Fisches wegziehen. Den Fisch filettieren, auf die Teller verteilen und nur mit etwas Olivenöl würzen (für das Filettieren nicht dasselbe Besteck verwenden, mit dem Sie die Salzkruste entfernt haben).

Variante: Man kann auch das Salz mit zu Schnee geschlagenem Eiweiß vermischen und den Fisch damit bedecken. Die Kochzeit und die weitere Vorgangsweise bleiben gleich.

Eine für Fischspeisen typische Beilage im Friaul ist die weiße Polenta (aus dem Mehl weißer Maissorten). Ein frischer grüner Salat ist dazu auch immer fein.

Zweite Hauptspeisen – Secondi piatti

Gioias Schweinsbraten

Maialata di Gioa

Rezept von Gioia Buiatti/Trattoria „Da Mario", Prepotto

Gioia Buiatti ist die Seele der Trattoria „Da Mario" in Prepotto (in den „Colli orientali" zwischen Cormons und Cividale). Wer sich einmal von ihr bekochen hat lassen, kommt wieder. Ihr Mann Marco Grassi, nach dessen Vater Mario das Lokal benannt ist, arbeitet in der Küche ordentlich mit, kümmert sich sonst hauptsächlich um die Gäste. Mehr als zwanzig Jahre führen die beiden schon die Trattoria, inzwischen gemeinsam mit Sohn Giacomo und seiner Frau Anna. Fallweise helfen auch die Söhne Luca und Davide.

Gioias absolute Spezialität ist die „maialata". Was wörtlich übersetzt wohl „Schweinerei" heißt, aber keineswegs eine solche ist, sondern eine Köstlichkeit. Die Kombination Schweinsbraten mit Fenchelsamen und rohem Fenchel schmeckt nicht nur hinreißend, der Fenchel hilft dem Magen auch nachweislich beim Verdauen des Fleisches.

Im Laufe der Jahre haben Gioia und Marco das Rezept für die Maialata weiterentwickelt. Wir lassen hier beides nebeneinander stehen, „Maialata Variante 1", wie sie schon vor vielen Jahren ein Erfolg war, und „Maialata Variante 2", wie sie jetzt gemacht wird. Nachkochen lohnt sich in jedem Fall!

Maialata Variante 1

Zutaten
1 Schweinsfilet
8 kleine Schweinskoteletts
4–5 Esslöffel Olivenöl
eine Handvoll Samen vom wilden Finocchietto (ersatzweise handelsüblicher Fenchelsamen)
1 Teelöffel getrockneter Knoblauch
1 Esslöffel grobes Meersalz
½ l Weißwein
¼ l Gemüsebrühe
2 rohe Finocchio-Knollen (Fenchel)

Zubereitung
Das Fleisch in Würfel schneiden wie für ein Gulasch, in eine Bratenform geben, einen halben Liter Weißwein (wenn möglich Sauvignon), ein bisschen von der Gemüsebrühe, grobes Salz, den getrockneten Knoblauch und die Finocchietto-Samen sowie den Knoblauch dazugeben und etwa 30 Minuten bei 170/180 °C im vorgeheizten Backrohr (Oberhitze/Unterhitze) lassen. Dann für 10 Minuten die Temperatur auf 250 °C erhöhen. Vor dem Servieren den rohen Fenchel in feine Scheiben schneiden und über die Maialata geben.

Maialata Variante 2

Zutaten
1 kg Kotelettstück vom Schwein mit wenig Knochen
übrige Zutaten wie oben

Weinempfehlung
Schioppettino
Refosco
Merlot

Zubereitung
Das Fleisch am Tag zuvor in eine Marinade aus Weißwein (am besten Sauvignon), Öl, Gemüsebrühe und etwas Salz legen. Am folgenden Tag das Fleisch in eine Bratenform legen und bei 150 °C etwa 3 Stunden braten, immer wieder etwas Brühe und Öl zugeben. Immer wieder wenden, bis das Fleisch schön gebräunt ist. Am Schluss den fein geschnittenen rohen Fenchel und Ofenkartoffeln (Rezept siehe S. 118) dazugeben.

Beilagen – Contorni

Kartoffeln aus dem Rohr

Patate al forno

Zu Gioias Maialata sind sie unerlässlich, aber uns schmecken sie zu jeder Art Braten. Besonders in Jahren, in denen Kartoffeln auch in unserem Garten wachsen. Was oft nicht der Fall ist, denn im Beet werden sie oft Opfer von Wühlmäusen und die „Kartoffelzucht in großen Blumentöpfen" ist auch nicht immer erfolgreich, bei zu viel Regen zum Beispiel.

Zutaten
800 g Kartoffeln (speckig)
4 Rosmarinästchen
2 Knoblauchzehen
Salz, Pfeffer
2–3 Esslöffel Olivenöl

Weinempfehlung
Merlot

Zubereitung
Die Kartoffeln schälen und in etwa gleich große Stücke schneiden. In Salzwasser etwa 5 Minuten kochen, mit kaltem Wasser abspülen, trocken tupfen, in einer (beschichteten) Bratenform (Bräter) verteilen. Das Öl, den Rosmarin, die zwei Knoblauchzehen (ich schäle sie nicht, schneide sie aber einmal der Länge nach durch) darauf verteilen und pfeffern. Jetzt für 10 Minuten ins vorgeheizte Rohr stellen (180 °C), dabei nach 5 Minuten durchmischen, damit die Kartoffeln von jeder Seite gebraten werden. Am Schluss noch 5 Minuten den Grill des Backrohrs dazuschalten (200 °C). Salzen und heiß servieren.

Sommer

Süßspeisen – Dolci

Apfelkuchen

Crostata alle mele

Rezept von Daniela Tengattini-Asquini, Varmo

Wenn im Sommer die ersten Äpfel reif werden, erfreut Daniela alle mit der Mitteilung: „Oggi c'è crostata alle mele." – „Heute gibt es Apfelkuchen." Für diese Variante ihrer bei der ganzen Familie beliebten verschiedensten „crostate" (Kuchen) bekommt Daniela natürlich auch zu anderen Jahreszeiten viel Applaus.

Zutaten

Teig/Belag:
200 g Mehl
100 g Zucker
½ Pkg. Trockenhefe
2 Eier
1 Pkg. Vanillezucker
etwas geriebene Zitronenschale
20 g fein gehackte Nüsse
2 Äpfel

Creme:
1 Ei
1 Esslöffel Mehl
1 Esslöffel Zucker
etwas Vanillezucker
ca. 100 ml Milch

Weinempfehlung
Süßer Spumante
Verduzzo

Zubereitung

Mehl, Zucker, Hefe, Eier, Vanillezucker, geriebene Zitronenschale rasch zu einem Teig verarbeiten. Den Teig ausrollen und in eine gebutterte Tortenform legen. Mit einer Gabel ein paar Löcher hineinstechen. Den Teig dünn mit gemahlenen Nüssen bedecken. Auf diese Nussschicht blanchierte Apfelspalten legen. Dann die Crostata im vorgeheizten Rohr bei 180 °C etwa 10–12 Minuten Farbe nehmen lassen. Aus dem Rohr holen und über die Äpfel noch die Creme geben, die man in der Zwischenzeit aus Ei, Mehl, Zucker, Vanillezucker und Milch gerührt hat. Jetzt kommt die Crostata noch einmal für etwa 10 Minuten ins Rohr. Auskühlen lassen und eventuell mit etwas Staubzucker bestreuen.

Varianten: Ein Stückchen vom Teig zur Seite legen, feinblättrig geschnittene Äpfel auf dem Teig mit der Nussschicht verteilen, aus dem Restteig Streifen schneiden und gitterförmig darüberlegen. Im vorgeheizten Rohr bei 170–180 °C etwa 20 Minuten backen.
Anstelle der Äpfel kann man natürlich auch anderes Obst wie Pfirsiche, Birnen oder halbierte Zwetschken verwenden.
Oder auf den Teig eine Masse aus 200 Gramm Zucker, 3 zu Schnee geschlagenen Eiweiß, 150 Gramm gemahlenen Mandeln, etwas Vanillezucker, ein bisschen Grappa und 1 Löffel süßen Rahm streichen. So braucht die Crostata nur etwa 15 Minuten im Backrohr.

Süßspeisen – Dolci

Erdbeermousse
Mousse di fragole allo Schioppettino

Rezept von Gioia Buiatti/Trattoria „Da Mario", Prepotto

Die Rotweinsorte „Schioppettino" der Gegend von Prepotto ist an und für sich schon etwas Besonderes. Es ist eine autochthone, also nur dort heimische Rebe, die eigentlich „Ribola nera" heißt. „Schioppettino" ist vom Wort „scoppiettare" hergeleitet, das beschreiben soll, mit welchem Geräusch die Trauben mit ihrer harten Haut beim Draufbeißen zerplatzen. Gioia Buiatti zaubert mit Schioppettino dieses sehr feine Dessert.

Zutaten
500 g Erdbeeren (Gioia empfiehlt die Wald- oder Monatserdbeeren, aber auch mit normalen gelingt die Mousse gut)
350 ml kräftiger Rotwein (Schioppettino)
300 g Schlagobers
125 g Zucker

Weinempfehlung
Ribolla gialla spumante

Zubereitung
Die Erdbeeren (die größeren werden in kleine Stücke geschnitten) mit dem Zucker vermischen. Einige Erdbeeren für die Dekoration aufheben. Den Wein aufkochen und dann köcheln lassen, bis er sich auf etwa die Hälfte reduziert hat. Die Erdbeeren mit dem Zucker dazugeben. Abkühlen lassen. Die Erdbeeren aus dem Weinsud nehmen, abtropfen lassen und mit dem geschlagenen Schlagobers vermischen. In Schüsselchen oder Gläser verteilen. Etwa eine Dreiviertelstunde in den Kühlschrank stellen. Vor dem Servieren etwas von dem Weinsud und die restlichen Erdbeeren drüber verteilen.

Variante: Auf einem Teller gemeinsam mit einer Kugel Eis servieren.

Sommer

Aperitiv – Aperitivo

Piarsolada

Ein erfrischender Sommer-Aperitiv aus dem Pfirsichzentrum, dem Ort Fiumicello nahe der Isonzomündung (siehe auch „Pfirsichrisotto", S. 95)

Zutaten
4 nicht zu weiche Pfirsiche
¾ l Weißwein
Zucker
Zitronensaft

Zubereitung
Die Pfirsiche schälen und in kleine Stücke schneiden. In eine Bowlenschale oder eine große Schüssel geben, nach Geschmack Zucker und Zitronensaft darübergeben. Mit dem Wein aufgießen und mindestens eine Stunde im Kühlschrank ziehen lassen.

Tipp: Wer mag, kann der Piarsolada auch noch einen Schuss Grappa verpassen.

Konservieren – Conservare

Tomatensugo selbst gemacht
Conserva/Sugo di pomodori

Nichts ist feiner als selbst gemachtes Tomatensugo, wenn im Winter ansonsten die Alternativen nur frische Supermarkt-Tomaten ohne Geschmack oder Dosenprodukte wären. Also gehört das Erzeugen von „Conserva di pomodori" zu unserem fixen Sommerprogramm im Friaul. Schließlich haben ja die wunderbaren, riesigen Cuor-di-Bue(Rinderherz)-Tomaten oder die „borse" genannten roten Riesen die Eigenart, immer in großen Mengen gleichzeitig zu reifen.

Zutaten
große Mengen ganz reifer Tomaten
Zitronensäure
eventuell gehacktes Basilikum
Olivenöl

Zubereitung
Die Tomaten halbieren, den Stängelansatz großzügig herausschneiden, dann die Frucht in Stücke schneiden. Auf diese Weise einen großen Topf füllen. Das Ganze unter ständigem Rühren zum Kochen bringen, damit sich am Topfboden nichts anlegt. Wenn die Tomaten ganz weich gekocht sind, werden sie durch ein Sieb passiert, so werden die Samen und Hautteile vom Tomatenmus getrennt. Das Mus dann wieder zum Kochen bringen, je nach Topfgröße eine Prise oder einen halben Teelöffel Zitronensäure zufügen (das verhindert Gärungsprozesse, die bei mangelhafter Sterilisation leicht auftreten können). Wer mag, lässt auch gehacktes Basilikum gleich mitkochen (so man später nur Speisen erzeugen will, bei denen Sugo mit Basilikum gefragt ist). Das Sugo mindestens eine halbe Stunde (besser länger) vor sich hin köcheln lassen, oft umrühren.

Dann in sterile Schraubverschlussgläser füllen. Vor dem Zuschrauben mit einem Esslöffel noch Olivenöl auf das Sugo rinnen lassen. Jetzt fest zuschrauben. Wasser in einen Topf und ein sauberes Geschirrtuch auf den Topfboden geben, dann die Gläser draufstellen. Sie dürfen einander nämlich nicht berühren. Das Tuch sorgt für eine stabile Position und schützt auch davor, dass wegen zu großer Hitzeentwicklung die Gläser zerplatzen. Das Wasser soll etwa bis zu drei Vierteln der Höhe der Gläser stehen. Auf kleiner Flamme erhitzen und ab dem Zeitpunkt des Köchelns 30 Minuten sterilisieren. Die Gläser im Wasserbad völlig auskühlen lassen.

Sommer

Konservieren – Conservare

Sommer

Getrocknete Tomaten in Öl
Pomodori secchi sott'olio

Es ist schon etliche Jahre her, dass wir aus Neapel Samen einer Tomatensorte mitgebracht haben, die sich besonders gut zum Trocknen eignet. Die Früchte schauen aus wie kleine Eier und haben weniger Flüssigkeit in ihrem Inneren als andere Sorten. Aber man kann im Grunde jede Sorte mit kleineren Früchten zur Erzeugung von „pomodori secchi" verwenden.

Zutaten
kleine, ganz reife Tomaten
Salz
Olivenöl
eventuell kleine Stücke getrockneter Pfefferoni

Zubereitung
Die Tomaten der Länge nach halbieren, den Saft und die Samen mit einem kleinen Löffel herausholen, salzen. In einem Dörrapparat (entsprechend der Gebrauchsanweisung des Gerätes) oder im Backrohr (ein paar Stunden ca. bei 40–50 °C Heißluft) oder – wie wir im Süden – an der Sonne des Hochsommers (ein paar Tage) trocknen. Wenn sie schön schrumpelig getrocknet sind, werden sie in einem Topf mit ganz leicht gesalzenem Wasser einmal kurz aufgekocht. Dann müssen sie noch einmal ganz trocknen. Jetzt werden sie in Schraubverschlussgläser geschichtet. Achtung: Nach jeder Schicht gleich Olivenöl darübergießen, um zu vermeiden, dass Luftblasen bleiben. Oben muss eine Olivenölschicht abschließen, aus der keine Frucht herausschaut. Wer mag, gibt in jedes Glas ein, zwei winzige Stückchen von getrockneten Pfefferoni. Zuschrauben und bis zum Genießen etwa vier Wochen dunkel lagern. (siehe auch „Italienische Sauce", S. 145)

Konservieren – Conservare

Nusslikör

Nocino

Rezept von Daniela Tengattini-Asquini, Varmo

Der Nussbaum gilt in der Legende als „albero delle streghe", als „Baum der Hexen", die rund um seinen Stamm in der Nacht auf den 24. Juni ihren Hexensabbat feiern würden. Der 24. Juni ist der „giorno di San Giovanni". Da müssen die grünen Walnüsse für den „nocino" geerntet werden, so hätten sie besondere Heilkraft (man kann die grünen Nüsse auch schon etwas früher vom Baum holen, jedenfalls aber nicht später, weil sie dann innen schon hart werden). Abgesehen von den mystischen Überlieferungen ist aber jedenfalls der Nocino – besonders dieser nach einem Rezept von Daniela – ein wunderbarer Digestiv, ein Hilfsmittel für den Magen nach jeder Art von Völlerei.

Zutaten
20 grüne, also unreife Walnüsse
2 l Grappa
300 g brauner Zucker
10 Gewürznelken
½ Stange Zimt
½ Muskatnuss
½ Stange Vanille
die Schale einer Zitrone
4 Blätter Zitronenmelisse
2 Blätter Salbei
1 Prise gemahlenen Thymian

Zubereitung
10 Nüsse halbieren, 10 Nüsse vierteln und gemeinsam mit allen anderen Zutaten in den Grappa geben. Nach 40 Tagen filtern und in Flaschen füllen. Nach 8 Monaten ist der Nocino fertig.

Sommer

Herbst

Vorspeisen – Antipasti

Rohschinken mit Feigen
Prosciutto crudo con fichi

Drei verschiedene Feigenbäume beherbergt unser Garten, das sind auch drei verschiedene Feigensorten, die auch zu unterschiedlichen Zeiten reifen, vom Sommer bis weit in den Herbst hinein. So genießen wir auch monatelang den Luxus frischer eigener Feigen. Gemeinsam mit Valentino Zanins wunderbarem „prosciutto crudo" sind sie auch im Herbst noch eine heiß geliebte Vorspeise.

Zutaten
etwa 300 g Prosciutto crudo, fein aufgeschnitten
8 frische Feigen

Weinempfehlung
Malvasia istriana
Traminer aromatico

Zubereitung
Die Feigen waschen und der Länge nach halbieren, den Prosciutto auf vier Teller verteilen, die Feigen der Länge nach halbieren und pro Teller vier Hälften auf den Schinken legen.

Tipp: Wer mag, kann auf die Feigen auch ganz wenig Balsamico tropfen.

Variante: In Monaten, in denen es keine frischen Feigen gibt, kombinieren wir den Prosciutto auch gerne mit unseren eingelegten Feigen (siehe „Fichi in agrodolce" auf S. 177).

Herbst

Vorspeisen – Antipasti

Salat aus frischem Fenchel und Orange
Insalata di arance e finocchi

In unserem friulanischen Garten steht der Fenchel oft lange im Herbst auf dem Beet, manchmal auch im Winter noch, er hält ja leichten Frost aus. Obwohl wir beide als Kinder nicht zu den großen „Fenchelfreunden" zählten, haben wir diese Knolle im Friaul überaus schätzen gelernt, gedünstet in Salzwasser als Beilage zu Fleisch, aber besonders auch roh als Salat, zum Beispiel mit Orange.

Zutaten
2 Fenchelknollen (Finocchio)
2 mittelgroße Orangen
Salz, Pfeffer
Olivenöl
etwas Fenchelgrün
eventuell 80 g gehackte Walnüsse

Weinempfehlung
Sauvignon

Zubereitung
Die Fenchelknollen der Länge nach halbieren und den Strunk herausschneiden. Dann feinblättrig schneiden. Die Orangen gut schälen (es soll möglichst nichts Weißes von der Schale auf den Früchten verbleiben) und in kleine Stückchen schneiden.

Den Fenchel auf den Tellern verteilen, die Orangenstückchen oben draufgeben (eventuell gehackte Nüsse dazugeben). Leicht salzen und pfeffern und ein gutes Olivenöl darübertropfen. Zuletzt kommt zur Dekoration etwas Fenchelgrün auf die Mitte jedes Tellers.

Vorspeisen – Antipasti

Calamarisalat mit Garnelen
Insalata di calamari con gamberetti

Rezept von Amalia Versolatto-Cucchiaro, Virco (Bertiolo)

Im Herbst verlängert er das Sommerfeeling, aber auch zu anderen Jahreszeiten ist Amalias Calamarisalat immer ein Genuss. Amalia ist Samara Asquinis Schwiegermutter, und weil uns ja die Asquinis quasi in die Familie aufgenommen haben, sind wir auch mit Amalia und ihrem Mann Vanni oft zusammen. Bei Familientreffen spielt nicht nur Vanni mit der „fisarmonica" (Ziehharmonika) auf, es steht immer wieder auch Amalias wunderbarer Calamarisalat auf dem Tisch, serviert in einer schönen Schüssel, die Amalia mit Salatblättern ausgekleidet hat, ehe der Salat hineinkommt.

Zutaten

800 g frischen Tintenfisch (entweder Calamari oder den größeren Polipo, am besten vom Fischhändler schon geputzt)
250 g kleine Garnelen (zum selbst auslösen oder schon fertig ausgelöst)
1 Stängel Sellerie
1 Karotte
1 kleine Zwiebel
3 Esslöffel Olivenöl
Saft einer Zitrone
gehackte Petersilie

Zubereitung

Die Calamari in einem Topf mit Wasser bedecken, Sellerie, Karotte und Zwiebel in Stücke geschnitten dazugeben, leicht salzen und auf kleiner Flamme etwa 30 Minuten köcheln, bis sie weich sind, abtropfen und auskühlen lassen, dann in kleine Stücke schneiden. Die Garnelen in wenig Salzwasser kurz dünsten, dann auslösen, so Sie nicht schon ausgelöste besorgt haben. In einer Schüssel den Tintenfisch und die ebenfalls gut abgetropften Garnelen mit einer Marinade aus dem Olivenöl und dem Zitronensaft sowie etwas Salz und Pfeffer vermischen (anstelle des Zitronensaftes können Sie auch milden Essig verwenden). Das Ganze dann mindestens zwei Stunden ruhen lassen. Vor dem Servieren gehackte Petersilie darüberstreuen.

Weinempfehlung
Ribolla gialla spumante
Friulano
Chardonnay

Herbst

Erste Hauptspeisen – Primi piatti

Brotsuppe

La Panade

Rezept des Ristorante „Da Toni", Gradiscutta di Varmo

Es ist seit Jahrzehnten eine gastronomische Institution, das Ristorante „Da Toni". Erst 2013 hat es dafür den Preis der „Accademia italiana di Cucina" bekommen. Aus nah und fern kommen die Gäste, um sich vom Besitzerehepaar Aldo und Lidia Morasutti sowie ihrer Tochter Elisabetta umsorgen zu lassen. Wir tun das auch regelmäßig. Chef in der Küche ist Roberto Cozzarolo, der seit 1981 gekonnt klassische friulanische Gerichte weiterentwickelt und auch ganz Neues auf die Teller zaubert. Die Geschichte von Gerichten wie der Brotsuppe ist einfach: In den historischen Zeiten, in denen Lebensmittel oft Mangelware waren, musste alles, auch altes Brot, bis zum letzten Stückchen noch verwendet werden. Roberto Cozzarolo hat aus diesem uralten Rezept eine moderne Köstlichkeit gemacht.

Zutaten
400 g altbackenes Brot
1 Lorbeerblatt
200 g Montasio stravecchio
(mehr als 10 Monate gereift),
gerieben
80 g Butter
800 ml klare Gemüsesuppe
Salz, Pfeffer
10 g Fenchelsamen
etwas frisches Fenchelgrün

Zubereitung
Das Brot zerkleinern und in der klaren Suppe gemeinsam mit dem Lorbeerblatt und den Fenchelsamen langsam aufkochen. Kochen, bis sich das Brot aufgelöst ist, dann die Butter und den geriebenen Käse dazugeben und weitere 5 Minuten kochen. In Suppenschalen füllen, etwas Pfeffer aus der Mühle daraufreiben und mit etwas Grün vom frischen Fenchel garnieren.

Weinempfehlung
Friulano
Pinot grigio
Merlot

Erste Hauptspeisen – Primi piatti

Risotto mit Kohl und Gänseleber
Risotto alle verze e fegato d'oca

Rezept des Ristorante „Da Toni", Gradiscutta di Varmo

Vielleicht meinen Sie, Kohl ist nicht Ihre Sache und Gänseleber auch nicht. Vergessen Sie bisherige Vorurteile! Wenn Sie dieses Gericht des Küchenchefs Roberto Cozzarolo gekostet und selbst zu kochen ausprobiert haben, werden Sie bestimmt anerkennend sagen: „Complimenti!" – „Kompliment!"

Zutaten

1 kleine Zwiebel
50 g Olivenöl
das helle Herz von einem Kohlkopf
240 g Reis (Carnaroli)
40 ml trockener Weißwein
4 x 25 g Gänseleber
150 ml Rotwein (Refosco)
1 Kräuterbüschel aus Salbei Rosmarin und Lorbeer
10 g Speisestärke
30 g Butter
30 g Parmesan
400 ml klare Rindssuppe
Salz, Pfeffer

Zubereitung

Die Hälfte der Zwiebel hacken und im Olivenöl anbraten. Wenn sie etwas Farbe angenommen hat, den grob geschnittenen Kohl dazumischen, salzen, pfeffern und etwa 20 Minuten kochen lassen. Dann den Reis dazugeben, mit dem Weißwein aufgießen und wieder aufkochen, nach und nach die Gemüsebrühe dazugießen. In der Zwischenzeit für die Refoscosauce die zweite Hälfte der gehackten Zwiebel in einer anderen Pfanne im Öl anbraten, den Rotwein dazugeben sowie das Kräuterbüschel, Salz und Pfeffer. Auf kleiner Flamme auf etwa 80 Prozent des Volumens reduzieren lassen, durch ein Sieb filtern und mit der Speisestärke (aufgelöst in etwas Wasser) binden.

Wenn der Reis gekocht ist, wird er mit der Butter und dem Parmesan vermischt und mit Salz und Pfeffer abgeschmeckt. Das Risotto auf die vier Teller verteilen, jeweils obendrauf ein Stückchen der Gänseleber legen (sie erwärmt sich durch den Reis) und mit einem Löffel die Rotweinsauce darüber verteilen.

Weinempfehlung
Tazzelenghe
Verduzzo

Herbst

Erste Hauptspeisen – Primi piatti

Italienische Sauce aus getrockneten Tomaten
Salsa all'italiana di pomodori secchi

Rezept von Ennio Furlan, Udine/"Collegium der Köche von Friaul-Julisch Venetien"

Getrocknete Tomaten, gekauft oder selbst gemacht (siehe Rezept S. 129) konzentrieren den ganzen Duft und Geschmack des Sommers. Ennio Furlan weiß mit diesem Rezept diese Möglichkeit perfekt zu nützen.

Zutaten
300 g getrocknete Tomaten
300 g gehackte rote Zwiebeln
1 gehackte Knoblauchzehe
150 g entkernte schwarze Oliven
30 g Kapern
3 Knoblauchzehen
Olivenöl
1 Prise pikantes Pfefferonipulver

Weinempfehlung
Ribolla gialla spumante

Zubereitung
Die getrockneten Tomaten möglichst fein hacken bzw. schneiden, ebenso die Kapern und die Oliven. In einer Pfanne mit ausreichend Olivenöl die gehackte Zwiebel und den gehackten Knoblauch langsam Farbe annehmen lassen. Mit einem Mixer oder dem Pürierstab pürieren, dann die gehackten Tomaten, Kapern und Oliven dazumixen, sodass eine Creme entsteht, am Ende eine Prise Pfefferonipulver zufügen. In der Pfanne die Creme aufkochen, dann 15 Minuten weiterköcheln lassen. Wenn die Creme zu dick wird, mit etwas Weißwein aufgießen.

Tipp: Diese Salsa ist nicht nur als Sugo für Pasta köstlich, sondern auch ein herrlicher Aufstrich auf (getoastetem) Weißbrot.

Erste Hauptspeisen – Primi piatti

Kiwirisotto mit Montasio

Risotto ai kiwi con Montasio

Wenn im Spätherbst die Kiwis im Friaul reif werden, ist für frische Abwechslung am Teller gesorgt. Dieses Rezept für ein Kiwirisotto kommt aus der Hotelfachschule von Aviano, wo alljährlich der Wettbewerb „Ricetta del Sindaco" (Das Rezept des Bürgermeisters) veranstaltet wird. Dabei können die Bürgermeister typische Rezepte ihrer Gemeinde einreichen. Dieses Kiwirisotto stammt vom Bürgermeister von Sedegliano bei Codroipo. Im Ortsteil Grions di Sedegliano wird immer im November das große Kiwifest der Region Friaul-Julisch Venetien samt Ausstellung und Kiwidegustation gefeiert.

Zutaten

320 g Reis
1 ganze und ½ Zwiebel
2 Karotten
1 Stängel Stangensellerie
1 Porree
Olivenöl
3 reife Kiwis
½ Glas Weißwein
Salz, Pfeffer
1 Teelöffel Butter
etwas gehackte Petersilie
100 g geriebener Montasio

Weinempfehlung

Friulano
Malvasia

Zubereitung

Aus einer gehackten Zwiebel, einer Karotte und dem Selleriestängel eine Gemüsebrühe bereiten (ca. ½ Liter). Die Kiwis schälen, den Großteil in kleine Würfel schneiden, einige Scheiben für die Dekoration beiseitelegen. Im heißen Öl die gehackte halbe Zwiebel, eine klein geschnittene Karotte und den klein geschnittenen Porree anbraten. Den Reis dazugeben und glasig werden lassen, mit Weißwein ablöschen. Wenn der Wein verdunstet ist, nach und nach die Gemüsesuppe zugeben und so den Reis weich kochen, immer wieder umrühren. Gegen Ende der Kochzeit die Kiwiwürfel zufügen, am Ende mit Salz und etwas Pfeffer abschmecken. Die Butter und den geriebenen Montasio einmischen, das Risotto vom Feuer nehmen und kurz durchziehen lassen. Auf die Teller verteilen und mit den Kiwischeiben sowie etwas gehackter Petersilie dekorieren.

Herbst

Erste Hauptspeisen – Primi piatti

Herbst

Kürbisnockerln

Gnocchi di zucca

Die herbstlichen Kürbisfeste im Friaul haben Gott sei Dank mit Halloween nichts zu tun. Kürbisse gehören einfach zur Tradition. Sie wurden schon – wie in Österreich – ausgehöhlt und mit Kerzen beleuchtet, lange bevor die Halloween-Mode über Europa hereingebrochen ist. Kaum ein herbstlicher Gemüsegarten kommt ohne verschiedene „zucche" aus. Unserer auch nicht.

Zutaten
500 g Kürbisfleisch
250 g Mehl (Typ 00)
1 Ei
Salz, Pfeffer
100 g Butter
100 g geräucherter Ricotta, gerieben
5 Salbeiblätter

Weinempfehlung
Malvasia
Merlot

Zubereitung
Das Kürbisfleisch mit möglichst wenig Wasser weich dünsten, durch ein Sieb passieren und auskühlen lassen. Mit dem Ei und dem Mehl zu einem Teig verkneten, ev. mehr Mehl verwenden. Aus dem Teig dünne Röllchen formen, mit einem Messer in kleine Stückchen schneiden. In einem Topf Salzwasser erhitzen, die Gnocchi ins Wasser geben. Wenn die Gnocchi aufsteigen, mit einer Schöpfkelle herausnehmen und gleich mit kaltem Wasser abspülen. Butter zerlassen und die Salbeiblätter kurz darin anziehen lassen. Die Gnocchi auf die Teller verteilen, die zerlassene Butter mit den Salbeiblättern darübergießen und mit geriebenem, geräuchertem Ricotta bestreuen.

Erste Hauptspeisen – Primi piatti

Danielas Teigtascherln

Ravioli alla Daniela

Rezept von Daniela Tengattini-Asquini, Varmo

„Meine Großmutter hat diese Ravioli schon immer gemacht und meine Mutter auch", erzählte Daniela, als sie für uns das erste Mal diese Teigtascherln zubereitet hat. Daniela ist ja im Schweizer Tessin geboren und aufgewachsen, ehe sie mit ihrem Ehemann Rosano vor etwa vierzig Jahren in dessen Heimat Varmo im Friaul gezogen ist. Die „ravioli alla nonna" erfreuen sich nun auch bei allen drei Töchtern und deren Familien großer Beliebtheit. Deswegen werden immer gleich mindestens 200 Stück gemacht. Versuchen Sie es einmal mit den Mengen für etwa 100 Stück. Die Ravioli, die für vier Personen zu viel erscheinen, lassen sich gut einfrieren.

Zutaten
(für etwa 100 Stück)

Teig:
4 Eier
½ kg Mehl
1 TL Öl
so viel Wasser, dass sich der Teig glatt zu einer Kugel kneten lässt.

Fülle:
½ kg gemischtes Faschiertes
50 g gekochter Schinken oder Mortadella
1 Ei
½ Semmel
1 Zwiebel
Salz, Pfeffer, Muskatnuss
1 Esslöffel gehackte Petersilie
1 gehackte Knoblauchzehe
50 g Grana oder Parmesan

Zubereitung

Fülle: Den Schinken bzw. die Mortadella mit dem Fleischwolf oder Mixer zerkleinern und mit dem Faschierten vermischen, dann das Ei, die eingeweichte und ausgedrückte halbe Semmel, Salz, Pfeffer und Muskatnuss dazumischen. In einer Pfanne die gehackte Zwiebel in Butter glasig werden lassen, die Fleischmischung dazugeben und anbraten (nicht zu dunkel werden lassen), die gehackte Petersilie und 1 gehackte Knoblauchzehe dazugeben. Alles in eine Schüssel geben und mit dem geriebenen Grana oder Parmesan gut vermischen.

Teig: Eier, Mehl, Öl und Wasser zu einem glatten Teig verkneten. Den Teig mit Nudelmaschine oder Teigroller ausrollen, in etwa 10 cm breite Streifen schneiden.

Ausfertigung: Die Fülle mit einem Löffel in kleinen Portionen auf eine Hälfte des Teigs legen, dann die zweite Hälfte drüberklappen, den Teig zwischen der Fülle fest an-

Herbst

Zum Servieren:
zerlassene Butter und zum Bestreuen Grana oder Parmesan

Weinempfehlung
Merlot, Pinot nero
(Blauburgunder)
Cabernet sauvignon

drücken, die Ravioli mit einem Nudelstecher abstechen. Im Salzwasser mit einem Löffel Öl kochen, bis sie aufsteigen. Aus dem Wasser fischen, auf die Teller verteilen, mit zerlassener Butter übergießen und geriebenen Grana oder Parmesan drüberstreuen.

Erste Hauptspeisen – Primi piatti

Sugo mit Gänsefleisch

Sugo d'oca

Rezept der Trattoria „Da Bepo", Bugnins di Camino al Tagliamento

Egal mit wem wir die Trattoria „Da Bepo" in Bugnins bei Camino al Tagliamento besucht haben: Jeder war begeistert, wenn es Gnocchi oder Pappardelle (breite Bandnudeln) mit Gänsefleischsugo gab. Ein Beispiel ganz traditioneller, zeitaufwendig gekochter Hausmannskost. Valentino Bert und seine Schwester Anna führen die Trattoria mit viel Engagement, obwohl beide andere Berufe haben. Valentino ist Architekt und Anna arbeitet bei der Post in „unserem" Ort Varmo. Aber das Wochenende gehört der Trattoria und den Gästen. Die kommen in Scharen. Das Rezept für das „sugo d'oca" haben wir von Valentino und Anna erbeten und ein wenig adaptiert. Denn wie so oft gilt für die Mengenangaben im Original meist: „a occhio" – nach Augenmaß.

Zutaten

(für eine Riesenportion Sugo. Was übrig bleibt, lässt sich problemlos aufwärmen oder auch einfrieren.)

1 Gans
2 Zwiebeln
4 Karotten
2–3 Knoblauchzehen
2 Stängel Sellerie
je 1 Büschel Salbeiblätter und Rosmarin
¾ l Weißwein
Salz, Pfeffer, Pfefferonipulver
½ l Tomatensugo
4 Esslöffel Olivenöl

Weinempfehlung
Refosco

Zubereitung

Die Gans in große Stücke zerteilen. Die Zwiebeln hacken, ebenso Salbei und Rosmarin. Karotten und Selleriestängel würfelig schneiden, Knoblauch in Stücke schneiden. Das Olivenöl in einen großen Topf geben, erhitzen, die Gansstücke, das Gemüse, die Kräuter, Zwiebel und Knoblauch dazugeben, auch je nach Geschmack etwas Pfefferonipulver. Salzen, pfeffern. Mit ½ Liter Weißwein aufgießen, ein paar Minuten durchbraten lassen. Dann mit Wasser so auffüllen, dass das Gänsefleisch bedeckt ist und etwa zwei Stunden auf kleiner Flamme köcheln lassen.

Wenn das Fleisch gar ist und sich von den Knochen zu lösen beginnt, aus dem Topf nehmen, die Knochen entfernen und das Fleisch in ganz kleine Stückchen schneiden. Was sonst noch im Topf ist (Gemüse) mit einem Pürierstab pürieren und wieder mit dem Fleisch vermischen. Jetzt mit ¼ Liter Weißwein nochmals aufgießen und das Tomatensugo dazumischen. Nochmals mindestens eine halbe Stunde köcheln lassen.

Dann ist das Sugo fertig und kann mit Gnocchi oder Pappardelle vermischt auf den Tisch kommen. Wer mag, kann natürlich geriebenen Parmesan drübergeben.

Tipp: Natürlich können Sie sich auch einzelne Teile einer Gans besorgen und das Sugo in einer kleineren Menge mit entsprechend weniger anderen Zutaten kochen.

Zweite Hauptspeisen – Secondi piatti

Schweinsbratwurst mit Zwiebeln
Salsiccia con cipolla

Der Name „salsiccia" ist schwer zu übersetzen, denn das Wort „Bratwurst" ist nur ein Näherungswert für diese Rohwurst, die eine lange Tradition hat.
Alte Rezepte zu ihrer Erzeugung aus verschiedensten Teilen des Schweins, die faschiert, gewürzt und in Därme gestopft werden, finden sich etwa in einem Buch mit dem hübschen Titel „Nozioni pratiche per un possidente, agricoltore e padre di famiglia" – „Praktische Notizen für den Grundbesitzer, Landwirt und Familienvater", erschienen 1851 in Udine. Unser Fleischhauer-Freund Valentino Zanin in Camino al Tagliamento erzeugt jedenfalls die besten Salsicce der ganzen Gegend, weshalb wir die paar Kilometer von „unserem" Varmo oft zu ihm fahren. „Die hier sind ganz nach der Tradition gemacht", hält er uns die zu einem Ring gebundenen Salsicce hin. Aber auch in klassischer Wurstform nehmen wir sie gerne mit, nicht nur im Sommer.

Zutaten
4 Salsicce (oder 2 von den oben erwähnten Salsiccia-Ringen)
4–5 große Zwiebeln
Olivenöl
100 ml milder Essig
ev. eine Prise Zucker

Weinempfehlung
Refosco
Cabernet sauvignon

Zubereitung
Die Salsiccia in etwa 1,5 cm lange Stücke schneiden. Die Zwiebeln grob hacken, in einer Pfanne im Olivenöl glasig werden lassen, die Salsiccia-Stücke dazutun und auf beiden Seiten anbraten. Mit einem kleinen Glas Essig ablöschen, währenddessen immer umrühren. Wer mag, kann gegen Ende eine Prise Zucker über die im Essig eingekochten Zwiebeln geben, noch einmal gut durchrühren, bis alles gut eingekocht ist. Mit Polenta servieren.

Zweite Hauptspeisen – Secondi piatti

Eintopf mit Bohnen

Jota Pesarina mit Borlotti-Bohnen

Rezept von Eliana Solari/Agriturismo „Sot la napa", Pesariis

Das Val Pesarina und der Ort Pesariis liegen tief in den karnischen Bergen und sind bekannt wegen der Uhrmacherkunst, die dort über Jahrhunderte gepflegt wurde. In den Gärten der malerischen Häuser fallen die vielen Stangenbohnen auf. Das Klima ist rau und wärmebedürftige Pflanzen, wie zum Beispiel Tomaten, gedeihen hier nicht gut, wohl aber die Bohnen. Also ist auch die Küche seit je von Bohnengerichten geprägt. Von Eliana Solari, der „padrona" des Agriturismo „Sot la napa" („Unter dem Kamin"), werden die traditionellen Speisen, wie zum Beispiel diese Jota, besonders schmackhaft zubereitet.

Zutaten

200 g Borlotti-Bohnen (gesprenkelte italienische Bohnensorte) oder ersatzweise Saubohnen
150 g Weizenmehl
50 g Polentamehl (Maismehl)
1 Karotte
1 kleine Zwiebel
1 Stange Sellerie
2 Lorbeerblätter
200 g Chicoréeblätter oder Löwenzahnblätter
⅔ l Milch,
⅓ l Wasser
1 Teelöffel Butter
Salz

Zubereitung

Die Bohnen mit der ganzen Karotte, der Selleriestange, der halbierten Zwiebel und dem Lorbeer weich kochen. Die Bohnen abseihen, nur sie werden weiter verwendet. In einem Topf das Wasser und die Milch aufkochen, salzen und die fein geschnittenen Chicorée- oder Löwenzahnblätter hinzufügen. Wenn die Flüssigkeit kocht, langsam das weiße Mehl und das Maismehl dazurühren, es soll ein Brei entstehen. Also eher Vorsicht beim Einrühren, dass die Mischung nicht dick und fest wird. Eventuell weniger Mehl nehmen bzw. zusätzlich Milch einrühren.

Diesen Brei etwa 20 Minuten lang bei ständigem Rühren auf kleiner Flamme kochen. Am Ende der Kochzeit die abgetropften Bohnen dazugeben. Einen Teelöffel Butter unterrühren und in tiefen Tellern servieren.

Tipp: Eliana schlägt vor, wenn die Jota im Teller etwas abgekühlt ist, noch etwas Milch daraufzugeben. Diese nicht verrühren, sondern einfach gemeinsam mit der Jota löffeln.

Weinempfehlung

Malvasia
Merlot

Herbst

Zweite Hauptspeisen – Secondi piatti

Herbst

Harte Eier mit Porree

Uova in funghetto

Rezept von Mercedes Bacinelli-Brusadini, Varmo

Einfach und ausgiebig – die „Uova in funghetto" waren einmal Alltag in den einfachen, ländlichen Haushalten des Friaul. So auch in Varmo. „Vedrai che è stuzzicante." – „Du wirst sehen, das Gericht ist verführerisch", sagt Mercedes, als sie uns die „uvs durs in funghet", wie sie auf friulanisch heißen, erklärt. Sie erzählt: „Zusammen mit Radicchiosalat und Polenta war das in unserer Familie ein Abendessen."

Zutaten
4 Eier
4 Stangen Lauch
1 Handvoll Petersilie
⅛ l Tomatensugo (oder Tomatenkonzentrat in ⅛ l Wasser aufgelöst)
etwas Olivenöl
Salz, Pfeffer

Weinempfehlung
Malvasia

Zubereitung
Die Eier 9–10 Minuten hart kochen, in kaltes Wasser tauchen, abschälen und halbieren. Den Lauch fein schneiden und in einer Pfanne mit dem Olivenöl und der Petersilie dünsten, aber nicht zu dunkel werden lassen. Das Tomatensugo zufügen, salzen, pfeffern und weiter köcheln lassen, bis es „Sugo-Konsistenz" hat. Dann die Eier dazugeben und alles noch 5 Minuten durchziehen lassen.

Man kann Uova in Funghetto auch wunderbar mit Polenta kombinieren (Siehe S. 50).

Zweite Hauptspeisen – Secondi piatti

Kartoffelnester

Nidi di patate

Rezept von Daniela Tengattini-Asquini, Varmo

Die Enkelkinder von Daniela sind ganz wild auf diese Hauptspeise! Sie lieben es, wenn die Nester knusprig aus dem Ofen kommen. Was wir gut nachvollziehen können. Einfach – wie so viele friulanische Speisen – und doch schmackhaft.

Zutaten
1 kg Kartoffeln
½ kg faschiertes Fleisch (Rind und Schwein gemischt oder auch mit Salsiccia vermischt)
1 Ei
1 große Scheibe Weißbrot
1 Prise geriebene Muskatnuss
Salz, Pfeffer
100 g geriebener Grana
etwas Butter
eventuell etwas scharfes Pfefferonipulver

Weinempfehlung
Friulano
Merlot

Zubereitung
Die Kartoffeln schälen, kochen und zu Brei passieren. Das in Wasser eingeweichte Weißbrot gut ausdrücken, mit Fleisch, Ei, Muskatnuss, Salz, Pfeffer und dem Großteil des geriebenen Käses gut vermischen, dann die Mischung in einer Pfanne mit Butter ein paar Minuten durchbraten. (Wenn man mag – und keine kleinen Kinder mitessen –, dann kann man auch mit etwas Peperoncino würzen.)

Eine feuerfeste Form mit Butter ausstreichen. Aus den passierten Kartoffeln mit den Händen Kugeln formen, nebeneinander in die Form setzen und in der Mitte jeder Kugel eine Vertiefung formen. Da hinein wird nun die Fleischmischung verteilt. Obendrauf kommt der restliche geriebene Käse oder Käsestückchen. Die feuerfeste Form nun ins vorgeheizte Backrohr schieben und bei 180 °C (Ober-/Unterhitze) so lange backen, bis die Kartoffelnester eine schöne, goldene Farbe angenommen haben (ca. 20 Minuten).

Herbst

Zweite Hauptspeisen – Secondi piatti

Kohlpäckchen

Fagottini di cavolo

Rezept von Daniela Tengattini-Asquini, Varmo

Kohl ist bekanntlich nicht jedermanns Sache – schon gar nicht, wenn nach der Zubereitung nicht nur die Küche danach riecht. Aber Danielas Kohlpäckchen sind auch etwas für Zweifler!

Zutaten

1 Kohlkopf
900 g gemischtes faschiertes Fleisch
1 Ei
1 Esslöffel Mehl
1 Esslöffel Semmelbrösel
Salz, Pfeffer
1 Zwiebel
½ l klare Rindssuppe
2 Schöpflöffel Tomatensugo
Olivenöl

Zubereitung
Die Kohlblätter einzeln waschen und 10 Minuten in kochendes Wasser legen, abtropfen lassen. Für die Fülle Faschiertes, Ei, Mehl, Semmelbrösel, Salz und Pfeffer gut vermischen. Auf jedes Kohlblatt ein wenig von dieser Fülle geben, zu einem Päckchen verschließen und mit Küchenschnur zubinden. In einer Pfanne die gehackte Zwiebel in Olivenöl glasig werden lassen, die Kohlpäckchen dazugeben, ebenso das Tomatensugo, mit der klaren Suppe aufgießen und eine halbe Stunde auf kleiner Flamme köcheln lassen.

Weinempfehlung

Friulano
Sauvignon

Zweite Hauptspeisen – Secondi piatti

Hase in Sauce

Lepre in salmì

Rezept von Mercedes Bacinelli-Brusadini, Varmo

„Mein Großvater war ein begeisterter Jäger", berichtet Mercedes, als sie uns dieses oft gekochte Rezept ihrer Großmutter gibt. Mercedes gehört zu jenen Frauen in Varmo, mit denen man beim Einkaufen im Ort oft schon kurz nach 8 Uhr morgens zusammentrifft und ein wenig plaudert. "Siamo le donne delle otto" – „Wir sind die Acht-Uhr-Frauen", wird da gescherzt. Ihr Hasenrezept haben wir übrigens statt mit Feldhase (Lepre) erfolgreich auch mit Kaninchen (Coniglio) ausprobiert, das ja von Geschmack und Konsistenz zarter, aber leichter zu bekommen ist – auch in schon zerteilter Form.

Zutaten

2 kg Hase, in große Stücke geteilt
150 g Speck
2 Karotten
1 Stangensellerie
1 Zwiebel
1 Knoblauchzehe
6 Gewürznelken
15 Wacholderbeeren
2 Lorbeerblätter
4 Salbeiblätter
1 Rosmarinstängel
Olivenöl
ev. etwas Sardellenpaste
ev. 2 daumengroße Stückchen Hühner- oder Kaninchenleber
2 l Rotwein
Salz, Pfeffer

Zubereitung

In einen Topf die Hasenstücke, das würfelig geschnittene Gemüse, die Zwiebeln, den Knoblauch, die Lorbeerblätter, die Nelken und den Wacholder geben, mit dem Wein bedecken und 24 Stunden zugedeckt im Kühlschrank in dieser Marinade lassen.

Die Hasenstücke aus der Marinade nehmen und in einem Sieb abtropfen lassen. Das Gemüse bleibt in der Marinade. Den Speck in Würfel schneiden und in etwas Öl zerlassen. Die Hasenstücke dazugeben, salzen, pfeffern und etwa 5 Minuten durchbraten. Dann die Gemüse-Wein-Marinade und – wenn man mag – die Leberstückchen dazugeben und etwa 2 Stunden köcheln lassen.

Für die Sauce die großen Fleischstücke aus dem Topf nehmen, sodass nur das Gemüse und die kleinen Fleischteile verbleiben, die sich von den großen Stücken gelöst haben. Das Ganze pürieren und eventuell etwas Sardellenpaste dazurühren. Wenn diese Sauce zu dick wird, etwas Wasser zufügen. Mit Salz und Pfeffer abschmecken. Die Sauce über die Fleischstücke geben und servieren.

Weinempfehlung
Refosco dal peduncolo rosso
Merlot
Cabernet sauvignon

Auch zu dieser Speise essen die Friulaner am liebsten Polenta.

Tipps: Wenn man das Gericht am Vortag kocht und vor dem Servieren nochmals erwärmt, ist es wie beim Gulasch: Der Geschmack wird noch homogener.
Sollte Sauce übrig bleiben, ist diese auch wunderbar als Sugo zu Nudeln zu verwenden.

Beilagen – Contorni

Saure weiße Rüben

Brovada

Rezept von Ennio Furlan, Udine/Collegium der Köche von Friaul-Julisch Venetien

Die Küche im Friaul ist ohne „brovada" undenkbar. Wir geben es zu: Anfangs standen wir dieser Form der Verarbeitung von Speiserüben etwas skeptisch gegenüber. Völlig zu Unrecht! „brovada" mit „salsiccia" (Schweinsbratwurst) oder „cotecchino" (Schweinskochwurst) ist etwas sehr Gutes in der kühlen Jahreszeit. Allerdings hat die Brovada einen Haken: Im normalen Haushalt ist sie nicht leicht zu erzeugen, denn die Vorbereitung erfordert nicht nur viel Zeit, sondern auch noch das Vorhandensein von Trester, also den Resten der Weintrauben, die nach dem Pressen übrig bleiben. In diesen Trester (von roten oder weißen Trauben) werden nämlich die Rüben eingelegt. 40 Tage lang vergären sie mit dem Trester, Wasser ($^2/_3$), Essig ($^1/_3$), Salz und Kräutern (Salbei, Rosmarin, Lorbeer etc.) zugedeckt und gepresst mit einer Holzplatte in einem großen Holzbottich oder Tontopf. Dann sind die rohen Rüben „gesäuert". Jetzt werden sie geschält, in kleine Stücke „à la julienne" geschnitten oder grob gerieben und sind damit fertig für die weitere Verarbeitung.

„Ennio, was aber, wenn jemand zwar am Markt Speiserüben kaufen kann, aber keinen Winzer in der Nähe hat, um sich Trester zum Säuern zu besorgen?", haben wir unseren Meisterkoch Ennio Furlan gefragt. „Auch kein Problem", meinte er und empfahl folgende Variante: „Man legt Kohlblätter für wenige Minuten in kochendes Wasser und lässt sie auskühlen. Danach legt man einige Blätter in den Bottich oder Topf, die halbierten Rüben kommen obendrauf, Essig, Wasser und grobes Salz darüber, dann wieder Kohlblätter. Nach eventuell weiteren solchen Schichtungen kommt ein Deckel oder Teller unmittelbar auf die Kohlblätter, der wird auch noch mit Steinen oder anderen Gewichten beschwert, sodass er ganz fest auf Kohl und Rüben drückt. Und dann heißt es auch ... 40 Tage warten."

Die gute Nachricht: Bei Ihrem nächsten Friaul-Ausflug im Spätherbst oder Winter können Sie die gesäuerten, rohen, geriebenen Rüben in vielen Gemüseläden abgepackt im Plastikbeutel erwerben und damit einfach bei Schritt zwei in die „brovada"-Zubereitung einsteigen:

Herbst

Zutaten

1 kg rohe Brovada (gesäuerte, geriebene oder „à la julienne" geschnittene Speiserüben)
1 Zwiebel, gehackt
2 Knoblauchzehen, gehackt
Olivenöl
Salz, Pfeffer
ev. ¼ l Gemüsebrühe

Weinempfehlung

Refosco dal peduncolo rosso
Terrano

Zubereitung

Die Zwiebel und den Knoblauch hacken und gemeinsam im Olivenöl glasig werden lassen. Die rohe Brovada dazugeben, Pfeffer und wenig Salz zugeben, dann kochendes Wasser darübergießen, bis die Brovada ganz bedeckt ist. Mindestens zwei Stunden auf kleiner Flamme köcheln lassen, währenddessen immer wieder kontrollieren, ob Wasser oder Gemüsebrühe zugegeben werden müssen.

Das Ergebnis schmeckt köstlich zu jeder Art von Schweinefleisch, besonders auch – wie oben erwähnt – mit Cotecchino oder Salsiccia.

Beilagen – Contorni

Geschmorte Bohnen

Fagioli in umido

Rezept von Leonora Toffoli, Varmo

Beim Einkauf in Varmo am frühen Vormittag treffen wir einander regelmäßig: Leonora Toffoli ist eine jener Frauen, die uns von Anfang an in diesem Ort immer mit besonders freundlicher Aufmerksamkeit begegnet sind. Mit unserer Freundin Daniela ist Leonora auch befreundet. Nach dem Einkaufen wird immer wieder bei einem Espresso alles rasch beplaudert, was es zu beplaudern gibt. Leonora kocht wie viele Friulanerinnen die traditionellen Rezepte „a occhio", einfach nach Augenmaß. Dieses Bohnenrezept war aber leicht auch schriftlich festzuhalten:

Zutaten
500 g frische Borlotti-Bohnen (ersatzweise andere große Bohnen)
1 Zwiebel
1 Karotte
1 Stangensellerie
ca. 250 ml Tomatensugo (am besten das selbst eingekochte, siehe Rezept S. 126)
½ Suppenwürfel
Olivenöl
Salz, Pfeffer

Weinempfehlung
Pinot grigio (Grauburgunder)

Zubereitung
Die Bohnen weich kochen. (Ob man das mit oder ohne Salz im Wasser tut, ist eine Glaubensfrage, die einen beteuern, mit Salz gekocht werden die Bohnen nicht richtig weich. Wir haben beides ausprobiert und finden, sie werden auch mit etwas Salz im Kochwasser weich, und uns schmecken sie so besser).
Wenn Sie getrocknete, aber über Nacht eingeweichte Bohnen verwenden, dauert das Kochen etwa eine Stunde. Zwiebel, Karotte und Stangensellerie in kleine Stücke/Würfel schneiden und in einem Topf mit Olivenöl anbraten, die Bohnen dazugeben und schmoren lassen. Nach etwa 20 Minuten das Tomatensugo und den halben Suppenwürfel dazumischen, gut verrühren. Am Ende mit Salz und Pfeffer abschmecken.

Tipps: Diese Bohnen-Beilage passt gut zu jeder Art von gebratenem Fleisch, zum Cotecchino, zu Salsicce.
Statt frischen Bohnen eignen sich auch getrocknete. Von diesen verwendet man allerdings nur 250 g und lässt sie über Nacht einweichen.

Beilagen – Contorni

Kartoffeln in der Pfanne

Patate in tecia

Diese Art, die Kartoffeln zu braten, stammt aus der Gegend von Gorizia und Triest, wird aber auch in anderen Teilen des Friaul gerne praktiziert.

Zutaten
800 g Kartoffeln
60 g Speck
1 Zwiebel
100 ml Weißwein
Salz, Pfeffer

Weinempfehlung
Chardonnay barrique
Merlot

Zubereitung
Die ganzen, ungeschälten Kartoffeln circa 15 Minuten kochen. Inzwischen die Zwiebel fein hacken und den Speck in kleine Würfel schneiden, beides in einer tiefen Pfanne auf kleiner Flamme bräunen, etwas Wasser zufügen. Die Zwiebeln müssen fast ein Brei sein. Die gekochten Kartoffeln schälen und in die Pfanne zu Zwiebeln und Speck geben. Mit einer Gabel zerdrücken und alles gut vermischen, den Wein dazugeben, weiter umrühren und kochen, bis er verdunstet ist und die Kartoffeln Farbe bekommen haben. Mit Salz und Pfeffer abschmecken.
Passt gut zu jeder Art von Fleischspeise oder auch Gemüse.

Herbst

Süßspeisen – Dolci

Herbst

Kürbisbrot

Pan di Zucca

Rezept von Daniela Tengattini-Asquini, Varmo

Im Garten unserer Freundin Daniela reifen jedes Jahr die prächtigen Chioggia-Kürbisse. Jeder sieht wie ein großer, grün-grauer Turban aus. Ihr Fleisch ist aromatisch und leicht süßlich. Das Abschneiden der harten Haut ist allerdings eine Geduldprobe. Muskatkürbisse oder die ebenfalls geschmackvollen, birnenförmigen „Butternuts" lassen sich aber ebenso gut verwenden.

Zutaten
500 g Kürbisfleisch
150 g Zucker
ca. 550 g Mehl
1 Würfel Hefe
1 Prise Salz
1 Ei
50 g Butter
1 Esslöffel Olivenöl
1 gute Handvoll Rosinen
Grappa oder Rum zum Einweichen der Rosinen

Weinempfehlung
Picolit
Verduzzo

Zubereitung
Das Kürbisfleisch in Stücke schneiden und weich dünsten (entweder mit ganz wenig Wasser in einem Topf oder in der Mikrowelle), auskühlen lassen, dann mit Zucker, Mehl, der in etwas lauwarmer Milch aufgelösten und vorgequollenen Hefe, Salz, Ei, Butter und Öl einen Hefeteig bereiten. Zuletzt die in Rum oder Grappa eingeweichten Rosinen dazugeben. So lange kneten, bis der Teig schön elastisch ist (wenn nötig beim Kneten noch Mehl dazugeben). In einer mit einem Tuch zugedeckten Schüssel an einem warmen Platz eine Stunde aufgehen lassen.

Dann je nach Lust und Laune kleine Brote, Zöpfe, Schnecken formen. Backpapier auf ein Blech geben und dann diese Formen drauflegen. Sie werden noch mit einer Mischung aus Eigelb, ein wenig Milch und ganz wenig Zucker bestrichen (wenn man mag, muss auch nicht sein). Wieder mindestens eine Stunde gehen lassen. Das Backrohr auf ca. 200 °C Ober-/Unterhitze vorheizen, das Blech hineinschieben, zusätzlich eine kleine Schale mit Wasser ins Rohr geben. Die Temperatur auf ca. 180 °C reduzieren und ca. 20–25 Minuten backen (mit Heißluft 15–20 Minuten). Die nötige Backdauer kann von Herd zu Herd ziemlich variieren. Am besten ist es, einfach zu beobachten, wann die Kürbisbrote eine schöne Farbe angenommen haben. Dann sind sie fertig.

Süßspeisen – Dolci

Haselnusskuchen

Torta alle nocciole

Rezept von Raffaella Nardini-Komjanc/Azienda „Alessio Komjanc & figli", Giasbana di San Floriano del Collio

Zutaten
4 Eier
200 g Zucker
200 g geriebene Haselnüsse
100 g Butter
2 Esslöffel Maisstärke
(z. B. „Maizena")
1 Päckchen Vanillezucker
Staubzucker

Weinempfehlung
Picolit

Zubereitung
Das Eiweiß der 4 Eier zu Schnee schlagen, beiseitestellen. Das Eigelb und den Zucker schaumig rühren, mit den geriebenen Haselnüssen, der Butter, dem Vanillezucker und der Maisstärke gut vermischen. Jetzt den Eischnee unterheben. In eine Kuchenform/Springform füllen und bei 180 °C (Heißluft) etwa 15 Minuten backen. Mit einem Zahnstocher probieren, ob der Kuchen schon durchgebacken ist (wenn noch etwas am Zahnstocher hängen bleibt, noch ein paar Minuten im Rohr lassen). Auskühlen lassen, aus der Form nehmen und mit Staubzucker bestreuen.

Kakimousse

Mousse di cachi

Im Spätherbst malen sie kräftig orangefarbene Tupfen in die Landschaft: Die Kakifrüchte hängen noch an den Bäumen, wenn deren Blätter schon lange abgefallen sind. Bei unseren Nachbarn De Giusti finden wir immer ein offenes Ohr, wenn wir um ein paar dieser schönen Früchte fragen. Unsere eigenen Kakibäume sind noch klein, werden aber hoffentlich auch bald tragen. Ganz wichtig ist: Die Kaki müssen ganz, ganz weich und reif sein (am besten nach dem Ernten oder Kaufen nachreifen lassen), ehe man sie isst oder verkocht, sonst sind sie bitter!

Zutaten
4 reife Kakifrüchte
6 Amaretti-Kekse
6 andere trockene Kekse
1 Ei
2 Esslöffel Rum
Zucker

Zubereitung
Die Kaki kurz in kochendes Wasser legen, die Haut abziehen und die Kerne entfernen. Alle Kekse zerbröseln. Die Kaki, die Kekse, das Ei, einen Löffel Zucker und zwei Esslöffel Rum in einen Mixer geben und gut durchmixen. Die Creme auf vier Gläser verteilen und für mindestens zwei Stunden in den Kühlschrank stellen.

Weinempfehlung
Verduzzo
Spumante Moscato

Konservieren – Conservare

Feigenmarmelade

Marmelata di fichi

Schon beim Schneiden der jedes Jahr rasch wachsenden Feigenbäume im Februar oder März haben wir die prächtigen Feigen vor Augen, die sie uns in großen Mengen bescheren. Und weil sich bei unseren österreichischen Freunden und Bekannten die Feigenmarmelade „fatta in casa" (hausgemacht) großer Beliebtheit erfreut, werden auch immer viele, viele Gläser eingekocht. Von einer Wirtin in der Südtoskana haben wir gelernt, wie köstlich Feigenmarmelade zu würzigem Käse schmeckt. Da es nun im Friaul auch an würzigen Käsesorten nicht mangelt, steht dieser Genusskombination gar nichts im Wege.

Zutaten
1,5 kg Feigen
½ kg Gelierzucker (3:1)
Saft von zwei Zitronen
ev. ein paar Blättchen Zitronenmelisse

Zubereitung
Die Feigen von den Stängeln befreien und in Stücke schneiden, in einem Topf einen Schöpflöffel Wasser erhitzen, die Feigen und den Gelierzucker in den Topf geben und alles vermischen. Zum Kochen bringen. Nach ein paar Minuten das Ganze mit einem Pürierstab pürieren. Zitronensaft hinzufügen. 10 Minuten weiterkochen lassen, gegen Ende eventuell ein paar Blättchen Zitronenmelisse dazutun. In sterile Schraubverschlussgläser füllen und verschließen. Die Gläser am Kopf stehend auskühlen lassen.

Herbst

Süßsaure Feigen

Fichi in agrodolce

Frische Feigen zu Prosciutto di San Daniele, das kennt jeder. Aber süßsauer eingelegte Feigen zu jeder Art Aufschnitt von Prosciutto bis Salame, das sollten Sie unbedingt ausprobieren!

Zutaten

feste, nicht zu reife Feigen (die Menge hängt von der Größe des verwendeten Topfes ab)
Flüssigkeit aus 3 Teilen Rotwein und 1 Teil milder Essig
je nach Topfgröße 1–2 kleine Zimtstangen und 2–4 Gewürznelken
Feinkristallzucker

Zubereitung

In einen flachen, breiten Topf die Feigen dicht nebeneinandersetzen. Die Rotwein-Essig-Mischung bis zu zwei Dritteln der Höhe der Feigen angießen, Zimtstangen und Nelken verteilen. Jetzt kommt auf jede Feige ein Häubchen aus Zucker. Auf kleiner Flamme etwa 30 Minuten ganz leicht köcheln lassen. Die Feigen aus dem Sud nehmen und vorsichtig in sterile Schraubverschlussgläser füllen. Mit dem Sud auffüllen, sodass die Feigen ganz bedeckt sind. Noch heiß verschließen.

Winter

Vorspeisen – Antipasti

Radicchio mit Bohnencreme
Radicchio con crema di fagioli

Für dieses Rezept kann man verschiedene Radicchiosorten verwenden und sie auch mischen: zum Beispiel die Blätter der roten Köpfe des Radicchio di Verona mit dem grünen Grumolo oder dem grün-rot gefleckten Radicchio di Castelfranco oder natürlich dem Radicchio Rosa di Gorizia. Oft wird der kleine „Radicchio di campo", Radicchio vom Feld, so serviert.

Zutaten
ca. 500 g getrocknete Bohnen
ca. 500 ml klare Suppe
1 mittelgroße Zwiebel
Salz
Pfeffer, Olivenöl
weißer Balsamicoessig
Radicchio

Weinempfehlung
Friulano
Ribolla gialla spumante

Zubereitung
Die Bohnen über Nacht einweichen. Die Zwiebel andünsten, mit klarer Suppe aufgießen, die Bohnen dazugeben und etwa eineinhalb Stunden kochen. Wenn die Bohnen weich sind, etwa zwei Drittel von ihnen mit dem Pürierstab pürieren, die ganzen Bohnen wieder dazutun, mit Salz und Pfeffer und einem Schuss vom weißen Balsamico abschmecken. Die Creme soll relativ flüssig sein, denn sie wird nun mit dem gewaschenen und in mundgerechte Stücke geschnittenen oder gezupftem Radicchio vermischt. Dann in tiefen Tellern servieren.

Tipp: Die Bohnencreme kann man auch über gebratenen Radicchio geben (Rezept siehe S. 185).

Marinierter Radicchio „Rosa di Gorizia"
Radicchio „Rosa di Gorizia" marinato

Besonders zart im Geschmack präsentiert sich diese Radicchiosorte. Sie sieht wirklich wie eine Rosenblüte aus. „La rosa" wird nach der Ernte vom Feld einige Tage zugedeckt bei 10–15 Grad gelagert. So entwickelt sie ihr bestes Aroma. Die Samen dieses Radicchios werden von den Gärtnern und Landwirten in Gorizia wie ein Schatz gehütet, aber Loris Molinari, dem Radicchio-Fachmann im Ortsteil Belgrado unseres Ortes Varmo, ist es vor Jahren gelungen, einige Samen zu bekommen. Seitdem lässt er jedes Jahr ein paar Pflanzen aussamen, um im nächsten Jahr wieder diese feinste Radicchiosorte anbauen zu können. Die „Rosa di Gorizia" ist am besten roh, inklusive einem Stückchen ihrer Wurzel, zu genießen, mit einer Marinade, wie zum Beispiel der folgenden:

Zutaten
8 Rosa-di-Gorizia-Pflänzchen
100 g fein gewürfelter Speck di Sauris
4 Esslöffel Olivenöl
3 Esslöffel milder Weinessig (oder auch den weißen, süßlichen „Dolceagro")
ev. 100 g geräucherter Ricotta

Weinempfehlung
Friulano
Chardonnay

Zubereitung
Die Radicchiorosen der Länge nach einmal durchschneiden. Gewürfelten Speck im Olivenöl anbraten, bis er knusprig ist. Den Essig dazumischen. Dann wird diese Marinade lauwarm über der „rosa" verteilt. Wer mag, kann etwas geräucherten Ricotta darüberreiben.

Vorspeisen – Antipasti

Millefoglie vom knusprigen Frico

Millefoglie di frico croccante

Rezept von Daniele Flebus/Familie Del Negro/Ristorante „Al Molino", Glaunicco

Es sind zwar nicht wirklich „mille foglie", also „tausend Blätter", die diese Frico-Variante zu etwas Besonderem machen, aber die zwei hauchzarten, knusprigen Blätter aus zerlassenem Käse mit einer Creme dazwischen sind trotzdem eine ganz feine, moderne Weiterentwicklung der traditionell deftigen Holzfällerspeise Frico. Der Küchenchef des Ristorante „Al Molino" in Glaunicco, Daniele Flebus, ist Teil der Besitzerfamilie Del Negro, denn er ist mit Romina, einer der beiden Töchter von Elda und Gino, verheiratet. Im Handumdrehen erzeugt er mit einer ganz kleinen Pfanne ein paar solcher „foglie". Das schaut ganz einfach aus – und ist es auch, wenn man das richtige „Werkzeug" hat. Unsere Erkenntnis war jedenfalls: Eine so kleine Pfanne muss auch in unseren Haushalt.

Zutaten

200 g geriebener Montasio-Käse (18 Monate gereift)
100 g frische Milch
200 g junger Montasio
100 g frischer Topfen
4 Scheiben geräucherter Speck
Olivenöl

Weinempfehlung

Pinot bianco (Weißburgunder)
Pinot grigio (Grauburgunder)
Spumante extra dry

Zubereitung

Eine beschichtete kleine Pfanne (nicht mehr als 12 cm Bodendurchmesser) mit etwas Olivenöl erhitzen. Eine Handvoll geriebenen (reifen) Montasio hineingeben, sodass der Boden der Pfanne gerade bedeckt ist. Wenn der Käse geschmolzen ist und Farbe bekommen hat, auf einen Teller gleiten und dieses „Käseblatt" auskühlen lassen. Für jede Portion brauchen Sie zwei solcher knusprigen „Blätter". Dann im Wasserbad den jungen Montasio und den Topfen in der Milch schmelzen lassen und pürieren, bis er eine cremige Konsistenz hat. Den Räucherspeck in einer Pfanne kurz braten. Auf jeden Teller ein „Käseblatt" legen, einen Esslöffel Käsecreme darauf verteilen und das zweite „Blatt" drauflegen. Obenauf kommt die ebenfalls knusprige Speckscheibe. Rasch servieren!

Erste Hauptspeisen – Primi piatti

Winter

Gebratener Radicchio

Radicchio in padella

Vielen gilt der „Radicchio Rosso di Treviso tardivo" als Vater der vielen Radicchiosorten, die ab November auf den Tisch kommen. Er ist zwar nach dem Ort Treviso, dem Hauptanbaugebiet im Veneto, benannt, ist aber auch überall im Friaul zu finden. Es reicht nicht, ihn einfach am Feld wachsen zu lassen, damit die langen roten Blätter ihr fein bitteres Aroma entwickeln, er muss nach dem Ausgraben aus der Erde noch etliche Tage mit den Wurzeln in flachen Wasserbecken zubringen. So wie bei Loris Molinari in Belgrado di Varmo. Ehe der „Rosso tardivo" verkauft werden kann, müssen alle äußeren Blätter entfernt und die dicke Wurzel zugeschnitten werden. Bei Loris gibt es diesen Radicchio immer ganz frisch. Wer auf Märkten welchen erwirbt, muss vor dem Verwenden wahrscheinlich den schon gelblich gewordenen Wurzelstrunk nachschneiden.

Zutaten
4 Stück „Radicchio di Treviso"
8 Scheiben Käse (Latteria oder Mozzarella)
Olivenöl
4 Esslöffel Essig
Salz, Pfeffer

Weinempfehlung
Schioppettino

Zubereitung
Die 4 Radicchiopflanzen der Länge nach halbieren oder vierteln und in einer beschichteten Pfanne mit etwas Olivenöl von beiden Seiten je etwa 3 Minuten anbraten. 4 Esslöffel milden Essig darauf verteilen, salzen, pfeffern, auf jede Radicchiohälfte eine Scheibe Käse legen, die Pfanne zudecken und auf kleiner Flamme dünsten, bis der Käse geschmolzen ist. Sofort servieren!

Varianten: Den Radicchio di Treviso der Länge nach vierteln und jedes Viertel mit einem Blatt Prosciutto crudo umwickeln. In der Pfanne mit etwas Olivenöl weich dünsten.

Die Radicchioblätter in etwa zwei Zentimeter lange Stücke schneiden, mit etwas klein gehackter Zwiebel in einer Pfanne kurz anbraten, mit etwas mildem Essig, Salz und Pfeffer würzen. Weißbrotscheiben rösten, eventuell mit einer Knoblauchzehe einreiben, den Radicchio darauf verteilen. Diese Bruschetta al Radicchio ist je nach Lust und Laune als Antipasto oder Primo piatto zu servieren.

Erste Hauptspeisen – Primi piatti

Gefüllte Teigtaschen aus Karnien
Cjarsons alla Carnia

Rezept von Danila Craighero-Asquini, Varmo

„Ogni vallata ha la sua." – „Jedes Tal hat sein eigenes Rezept", erzählt Danila, die Schwägerin unserer Freundin Daniela. Soll heißen: In Karnien findet man eben viele verschiedene Arten von Cjarsons. Danila stammt aus der Gegend von Paluzza, aus dem kleinen Ort Tausia bei Treppo Carnico. Viel Wald gibt es in der Gegend, also mussten seit jeher die Frauen die von der Waldarbeit hungrigen Männer satt kriegen. Auch mit Cjarsons.

Zutaten

Für die Fülle:
8 mittelgroße Kartoffeln
1 mittelgroße Zwiebel
100 g geriebener Käse
1 Esslöffel Zimt
1 kleines Büschel gehackte Minze
1 kleines Büschel gehackte Petersilie

Für den Teig:
3 mittelgroße Kartoffeln
50 dag Mehl
lauwarmes Wasser
Salz, Pfeffer

Für die Fertigstellung:
zerlassene Butter
geriebener Montasio-Käse oder geriebener geräucherter Ricotta

Weinempfehlung
Merlot

Zubereitung

Fülle: Die Fülle schon am Vorabend zubereiten, damit die Aromen der Kräuter gut durchziehen können. Die Kartoffeln kochen, schälen, zerdrücken. Die Zwiebel fein hacken und in Butter goldgelb dünsten. Vom Feuer nehmen. Die zerdrückten Kartoffeln mit Salz, Pfeffer, einem Esslöffel Zimt, der Minze und der Petersilie und dem geriebenen Käse vermischen. Dann noch die gedünsteten Zwiebeln druntermischen. Das Ganze zugedeckt bis zum nächsten Tag stehen lassen.

Teig: Die gekochten Kartoffeln zerdrücken und mit dem Mehl und etwas lauwarmem Wasser vermischen und zu einem Teig verarbeiten. Eine Rolle formen und mit dem Messer etwa 3 cm dicke Stücke davon abschneiden, mit der Hand flachdrücken, dann noch mit dem Teigroller auswalzen, sodass ein Teigkreis entsteht. Der Teig soll etwa 2–3 mm dick sein. Ausfertigung: Einen Löffel von der Fülle draufgeben, den Kreis zusammenklappen, mit den Fingern erst die Ränder fest zusammendrücken und dann die Enden dieser Halbmonde nach oben und innen biegen. Die Cjarsons in leicht kochendes Salzwasser legen, bis sie aufsteigen. Herausnehmen, abtropfen lassen, auf den Teller legen, mit zerlassener Butter beträufeln und am Schluss noch geriebenen Montasio oder geräucherten Ricotta darüberreiben.

Weinempfehlung
Picolit

Süße Variante: Für die süße Fülle die zerdrückten Kartoffeln mit drei fein gehackten getrockneten Feigen, 50 g fein gehackten Rosinen, 1 Teelöffel Zimt, etwas geriebener Zitronenschale, ½ Teelöffel Kakaopulver und 1 Ei vermischen. Die fertig gekochten Cjarsons mit zerlassener Butter übergießen und mit Kakaopulver oder fein geriebener Schokolade bestreuen.

Erste Hauptspeisen – Primi piatti

188

Teigtaschen aus dem Resia-Tal

Cjalciune della Valle di Resia
(Rosajanske cjalciune)

Das Resia-Tal zählt zu den urtümlichsten Gegenden des Friaul. Die Sprache der Bewohner hat sich aus dem Slawischen entwickelt. Einst kamen von hier die „arrotini", die Scheren- und Messerschleifer, die umherzogen und ihre Dienste im ganzen Land anboten. Viel von der kulturellen Eigenart des Tals hat sich in der sehr speziellen Musik und im Karneval, der „püst" genannt wird, erhalten. Die Teigtaschen, die in den Berggegenden Friauls überall zu finden sind, haben im Valle di Resia auch ihre ganz spezielle Ausprägung.

Zutaten

Für den Teig:
1 kg Kartoffeln
250 g Mehl (Typ 00)
1 Ei
Salz

Für die Fülle:
250 g Wildkräuter (oder Spinat oder anderes Blattgemüse)
1–2 Blätter vom Kren
100 g Rosinen (in Wasser eingeweicht)
das Eigelb von einem hart gekochten Ei
50 g Maismehl
50 g geriebenen Käse (Stravecchio oder Parmesan)
1 Prise Zimt
1 Prise Salz

Zur Fertigstellung:
zerlassene Butter, etwas Zimt

Zubereitung

Die Kartoffeln weich kochen, schälen und zerdrücken, mit dem Mehl, dem Ei und dem Salz zu einem Teig verarbeiten. Die in Wasser eingeweichten Rosinen, die gehackten Kräuter, das zerkleinerte hart gekochte Eigelb, Salz, Zimt, das Maismehl und den Käse gut vermischen. Vom Kartoffelteig kleine Portionen mit der Hand flach klopfen, handgroße runde Teigflecken formen (oder mit einer Tasse Kreise ausstechen). In die Mitte etwas von der Fülle legen, dann den Teigkreis von drei Seiten mit den Fingern zusammendrücken und über der Fülle so schließen, dass die Teigtaschen die Form eines Dreiecks bekommen. In kochendes Salzwasser legen. Wenn sie aufsteigen, sind sie fertig gekocht. Abtropfen lassen. Drei bis fünf (je nach Größe) auf einen Teller legen, mit zerlassener Butter übergießen und mit geriebenem Käse sowie – wenn man mag – mit etwas Zimt bestreuen.

Weinempfehlung
Merlot
Chardonnay barrique

Erste Hauptspeisen – Primi piatti

Teigtaschen nach Art „Al Molino"
Cjalsons del Molino alla Ippolito Nievo

Rezept der Familie Del Negro/Ristorante „Al Molino", Glaunicco

„Diese wunderbare Schönheit ... der Varmo macht ein höfliches Geschenk an den Ort Glaunicco ... da liegt eine sehr alte Mühle." Es war der Schriftsteller Ippolito Nievo, der 1856 in seiner Erzählung über das Flüsschen Varmo jene Mühle erwähnte, die dank der Familie Del Negro ein Restaurant geworden ist. Und zwar eines, in dem viele – auch wir – gerne ihren Gaumen verwöhnen. Wenn Daniele Flebus und Michele Tomasi in der Küche die „Cjalsons nach Art des Hauses" zaubern, dann lebt die friulanische Tradition auf. Salzig und süß, diese Mischung macht den Reiz dieses Rezeptes aus.

Zutaten

Für den Teig:
300 g Mehl (Typ 00)
3 Eier
50 g passierter Spinat
etwas Salz
1 Eigelb

Für die Fülle:
150 g frischer Spinat
30 g Rosinen
15 g Pinolikerne
etwas Salz
1 Teelöffel Zimt
1 Teelöffel Butter

geräucherten Ricottakäse zum Drüberreiben

Zubereitung

Teig: Mehl, Eier, passierten Spinat und etwas Salz zu einem glatten Teig verkneten, in Frischhaltefolie wickeln und in den Kühlschrank legen.

Fülle: In einer Pfanne die Butter schmelzen lassen und den frischen Spinat mit den Rosinen, den Pinoli, etwas Salz und dem Zimt durchmischen und etwas dünsten lassen.

Ausfertigung: Den Teig dünn ausrollen, Kreise ausstechen, mit Eigelb bestreichen und in die Mitte etwas Fülle platzieren. Die Kreise zu Halbkreisen zusammenklappen, die Ränder zusammendrücken, in Salzwasser wenige Minuten kochen lassen.

Wenn sie im Wasser aufsteigen, sind sie fertig. Abseihen, abtropfen lassen und in zerlassener Butter mit etwas Zimt schwenken. Pro Teller drei oder vier Cjalsons auflegen und geräucherten Ricotta drüberreiben.

Weinempfehlung
Merlot
Chardonnay barrique

Winter

Erste Hauptspeisen – Primi piatti

Topfennockerln mit Salbei
Gnocchi di ricotta con salvia

Rezept von Samara Asquini-Cucchiaro, Virco (Bertiolo)

Samara, die jüngste Tochter unserer Freundin Daniela, hat jeden Tag alle Hände voll zu tun. Ihre Söhne Samuele, Matteo und Tommaso halten sie auf Trab, sie unterstützt ihren Mann Ivan in dem kleinen Transportunternehmen und sie ist außerdem noch in Teilzeit im Büro einer Firma ein paar Kilometer entfernt beschäftigt. Wir fragen uns immer wieder, wie Samara das alles schafft, aber sie tut es mit Bravour. Sie kocht ausserdem sehr gut ... und zeitsparend, wie das folgende Rezept beweist:

Zutaten
250 g frischer Topfen (Ricotta)
1 Ei
1 Prise Salz
1 Prise Pfeffer
2–3 Esslöffel geriebenen Grana-Käse
50–100 g Mehl
150 g Butter
einige Salbeiblätter

Weinempfehlung
Ribolla gialla
Pinot grigio (Grauburgunder)

Zubereitung
In einer Schüssel den Topfen, das Ei, Salz und Pfeffer mit dem Mixer verrühren, dann nach und nach das Mehl dazurühren, bis eine homogene Teigmasse entsteht. In einem Topf Wasser zum Kochen bringen, das Wasser salzen. Mit zwei Esslöffeln aus dem Teig Gnocchi, also Nockerln, formen und ins Wasser gleiten lassen. Wenn die Nockerln aufsteigen, sind sie fertig. Aus dem Wasser fischen. Die Butter in einer kleinen Pfanne erhitzen, die Salbeiblätter darin kurz frittieren, dann die Butter mit dem Salbei über die auf Tellern verteilten Gnocchi gießen, etwas geriebenen Grana darübergeben.

Tipp: Diese weiß-grüne Mischung können Sie auch noch durch das Rot von ein paar zerkleinerten Radieschen in eine farblich eindeutig italienische Speise verwandeln.

Zweite Hauptspeisen – Secondi piatti

Geschmortes großes Schweinskotelett
Grossa braciola di maiale – Brusadole

Rezept von Valentino Zanin, Camino al Tagliamento

„Das Beste vom Schwein heißt auf friulanisch ‚brusadole'!" Valentino Zanin, unser Fleischermeister aus Camino al Tagliamento, gerät richtig ins Schwärmen, wenn er von diesem speziellen Rückenstück erzählt, und zeigt uns, wie es traditionell vom Wirbel als Doppelkotelett geschnitten und dann zubereitet wird. Wir haben das Rezept aber auch mit normalen großen Schweinskoteletts ausprobiert. In beiden Fällen ist das Ergebnis eine zarte Versuchung!

Zutaten
2 große Schweinskoteletts
Schweinsnetz (ersatzweise 4 große Speckscheiben, 2 mm dünn)
½ l Weißwein
4–6 Salbeiblätter
1 Stängel Rosmarin
1 Knoblauchzehe
3 Gewürznelken
2–3 Lorbeerblätter
Salz, Pfeffer
ev. etwas klare Rindsuppe

Zubereitung
Am Abend vor dem Kochen das Fleisch in eine Marinade aus Wein, Salbei, Rosmarin, Knoblauch, Nelken und Lorbeerblättern legen. Gelegentlich wenden. Am nächsten Tag das Fleisch aus der Marinade nehmen (die Marinade wegschütten), etwas salzen und pfeffern, dann das Schweinsnetz über die Koteletts ziehen oder ersatzweise die Speckscheiben herumwickeln und mit Küchenschnur fixieren. In einen (beschichteten) Topf legen und 2–3 Stunden zugedeckt ganz langsam köcheln lassen. Eventuell etwas klare Suppe zugießen, damit das Fleisch nicht austrocknet.

Dazu schmecken die Ofenkartoffeln (Rezept Seite 118) oder die übliche Polenta (Rezept Seite 50) ausgezeichnet.

Weinempfehlung
Refosco dal peduncolo rosso
Merlot
Cabernet franc

Zweite Hauptspeisen – Secondi piatti

Winter

Entenbrust in der Pfanne
Petto d'anatra in padella

Rezept von Valentino Zanin, Camino al Tagliamento

Huhn, Ente und Gans: Geflügel wurde und wird in der friulanischen Ebene viel gehalten und war und ist deshalb stets auf dem Speiseplan zu finden, sowohl als ganzes Stück im Backofen als auch in Einzelteilen in der Pfanne oder im Topf. „Die Geflügelart hat gewechselt, die Zutaten wie Zwiebeln, Karotten, Tomaten, Rosmarin, Lorbeer, Knoblauch waren meist ähnlich", beschreibt unser Freund Valentino Zanin, der Fleischermeister aus Camino al Tagliamento, diese Tradition. Einiges davon findet sich auch in diesem Rezept.

Zutaten
mind. 1 kg Entenbrust
1 große Zwiebel
2 Karotten
¼ l Tomatensugo
2 Stängel Rosmarin
Salz, Pfeffer
⅛ l Weißwein
3 Esslöffel Olivenöl

Zubereitung
Die Entenbrüste in große Stücke schneiden, in einer (beschichteten) Pfanne in Olivenöl kräftig anbraten und mit dem Weißwein ablöschen. Die grob geschnittene Zwiebel und die würfelig geschnittenen Karotten gemeinsam mit den gehackten Rosmarinnadeln, etwas Salz und Pfeffer köcheln lassen, bis die Flüssigkeit verdampft ist. Das Tomatensugo dazumischen und noch einmal mindestens 30 Minuten auf kleiner Flamme köcheln lassen. Bei Bedarf noch etwas Wein dazugießen, bis das Fleisch weich ist.

Weinempfehlung
Refosco dal peduncolo rosso
Merlot
Schioppettino

Zweite Hauptspeisen – Secondi piatti

Geschmortes Cotechino mit Porree
Cotechino in umido
(Friulanisch: Musèt in tocjo)

Rezept von Valentino Zanin, Camino al Tagliamento

Er ist ein Fleischhauer aus Leidenschaft: Valentino Zanin aus Camino al Tagliamento kennt sich auch bezüglich der Fleischzubereitung besonders gut aus. „Die Tradition des Sonntagsbratens gab es bei der ländlichen Bevölkerung des Friaul früher nicht. Fleisch war einfach zu teuer. Nur wenn die Bauern Schweine hielten, gab es nach dem Schlachten vieles, was die friulanische Küche prägte und noch immer prägt: der ‚cotechino' zum Beispiel, ‚Musèt' wird er bei uns auch genannt. Das ist eine Art Kochwurst, die aus verschiedenen Teilen vom Schwein erzeugt wird", erläutert Valentino und verrät uns folgendes Rezept.

Zutaten
1 Cotechino (ca. 600 g)
2 große Stängel Porree
Salz, Pfeffer
Olivenöl

Weinempfehlung
Refosco dal peduncolo rosso
Terrano

Zubereitung
Den Cotechino in einen Topf mit kaltem Wasser geben, langsam zum Kochen bringen und auf kleiner Flamme 2,5 – 3 Stunden kochen lassen. In der Zwischenzeit den Porree in Stücke schneiden. Sobald der Cotechino fertig gekocht und wieder ausgekühlt ist, Öl in einer Pfanne erhitzen, den Porree, Salz und Pfeffer hineingeben, auf kleiner Flamme etwa 10 Minuten köcheln lassen. Den Cotechino in 2–3 cm dicke Scheiben schneiden. Die Haut drauflassen! Die Scheiben zum Porree geben und noch einmal etwa 30 Minuten köcheln lassen.

Variante: Anstelle des Porrees kann man auch Tomatensugo verwenden.

Winter

199

Zweite Hauptspeisen – Secondi piatti

200

Winter

Cotechino mit Linsen

Cotechino con le lenticchie

Dass man zu Silvester und Neujahr Linsen isst, um symbolisch ausreichendes Vorhandensein von Geld im Neuen Jahr zu beschwören, ist in Friaul nicht anders als in Österreich. Der Cotechino zu den Linsen ist die friulanische Variante (siehe auch voriges Rezept). Inzwischen ist Cotechino ja auch im deutsprachigen Raum zu bekommen, zumindest in italienorientierten Geschäften.

Zutaten
**400 g Linsen
1 Cotechino (ca. 600 g)
1 Zwiebel
1 Stangensellerie
2 Lorbeerblätter
½ l klare Gemüsesuppe
Olivenöl
ev. 250 g Tomatensugo (vorzugsweise selbst eingekochtes)**

Weinempfehlung
Refosco dal peduncolo rosso oder zu Neujahr auch jeder trockene Spumante

Zubereitung
Die Linsen ca. 2 Stunden einweichen, dann in einem Topf die klein geschnittene Zwiebel und den Stangensellerie in Olivenöl anbraten, die Linsen dazutun und kurz mitbraten. Wer mag, kann nun das Tomatensugo zufügen; alles noch etwa drei Minuten köcheln lassen. Man kann das Sugo aber auch weglassen. Dann nach und nach die klare Suppe zufügen, die Lorbeerblätter dazugeben und auf kleiner Flamme weiterköcheln lassen, bis die Linsen gut weich sind. Das dauert mindestens eine Dreiviertelstunde. Abschmecken, eventuell noch salzen.

Den Cotechino in Salzwasser etwa 1 Stunde weich kochen bzw. im Falle eines vakuumverpackten Cotechinos aus dem Lebensmittelgeschäft nach Anleitung auf der Verpackung kochen. Danach den Cotechino für ein paar Minuten zum Durchziehen des Geschmacks zu den Linsen geben, in Scheiben schneiden (ob man vorher die Haut abzieht, ist eine Frage der persönlichen Vorliebe) und mit den Linsen servieren.

Buon Anno! Ein gutes Neues Jahr!

Zweite Hauptspeisen – Secondi piatti

Pitina in Balsamicoessig
Pitina all'aceto balsamico

Sie hat die Form eines Fleischlaibchens, besteht aber aus geräuchertem faschiertem Fleisch, ähnlich einer Salami: Die „pitina" ist eine Spezialität der Berggegend hinter Pordenone und Maniago, speziell dem Val Tramontina. Entstanden ist sie vor gut 200 Jahren aus der Notwendigkeit, das Fleisch des gejagten Wilds haltbar zu machen. Und so wird bis heute Fleisch – etwa von Hirsch oder Wildschwein – fein gehackt, gesalzen, gewürzt, zu Laibchen geformt, in Maismehl gewälzt und dann geräuchert. Nehmen Sie sich von Ihrem Friaul-Urlaub einfach „pitina" mit nach Hause (es gibt sie oft vakuumverpackt). Man kann sie in Scheiben geschnitten wie eine Salami einfach roh essen, sie ist aber auch blitzschnell als warme Speise zubereitet.

Zutaten
2 Stück Pitina
4 Esslöffel Balsamicoessig
1 Teelöffel Butter

Zubereitung
Die Pitine in nicht zu dünne Scheiben schneiden, in einer Pfanne Butter zerlassen, darin die Pitinascheiben von beiden Seiten kurz anbraten, mit Balsamicoessig übergießen und die Pfanne vom Feuer nehmen.

Dazu passt getoastetes Brot (das man – wie die Bruschetta in der Toscana – mit Knoblauch und Öl einreibt) oder auch die traditionelle Polenta.

Pitina mit Polenta

Pitina con polenta

Zutaten
**2 Stück Pitina
1 Teelöffel Butter
150 g Polentamehl (eventuell das vorgekochte für „Polenta veloce", also schnelle Polenta)
Salz**

Weinempfehlung
Schioppettino
Refosco dal peduncolo rosso

Zubereitung
Die 2 Pitine in kleine Würfel schneiden, die Butter in einer Pfanne schmelzen, die Würfel leicht anbraten. Vom Feuer nehmen. In einem beschichteten Topf einen halben Liter Wasser zum Kochen bringen, salzen, das Polentamehl nach und nach einrühren (wenn Sie das für „Polenta veloce" nehmen, ist die Polenta in wenigen Minuten fertig) und gegen Ende der Kochzeit die Pitinawürfel dazugeben. Bis die Polenta fertig ist, fest weiterrühren. Mit Salat (z. B. Radicchio) servieren.

Zweite Hauptspeisen – Secondi piatti

Stängelkohl mit Salsiccia (Bratwurst)
Cime di rapa con salsiccia

Rezept von Ennio Furlan, Udine/Collegium der Köche von Friaul-Julisch Venetien

„Ennio, was magst du als Wintergemüse?" Ennio Furlan um Rat zu fragen ist immer eine Bereicherung. Er ist ein in ganz Friaul bekannter und geschätzter Pflanzen-, Kräuter- und Pilzexperte. Seit er als Profikoch in Pension ist, pflegt er seine Leidenschaften umso intensiver. „Cime di rapa – Stängelkohl – verwende ich gern. Die Pflanze wurde zwar früher eher in Süditalien verwendet, aber jetzt auch im Friaul. Sie wächst in den Gärten. Alle sechs Tage kann man die jungen Triebe ernten. Und Stängelkohl einmal die Woche zu essen tut gut." Natürlich, enthält „cime di rapa" doch wie andere Kohlarten viel Vitamin C. Im Geschmack ist er milder. Stängelkohl ist auch auf österreichischen Märkten zu finden.

Zutaten
1 kg Stängelkohl
4 Salsicce (italienische Schweinsbratwürste)
Olivenöl
1 Knoblauchzehe
Salz, Pfeffer

Weinempfehlung
Schioppettino
Pignolo

Zubereitung
Die Triebe des Stängelkohls in Stücke von etwa 3 cm Länge schneiden, etwa 5 Minuten in Salzwasser kochen, danach abtropfen lassen. In einer Pfanne das Olivenöl mit der Knoblauchzehe erhitzen. Den Stängelkohl hineingeben, salzen, pfeffern, gut durchmischen, warm stellen. Den Salsicce die Haut abziehen, der Länge nach halbieren und in Stücke schneiden, in einer beschichteten Pfanne braten, damit das Fett austritt.
Die Salsicciastücke mit dem Stängelkohl vermischen und rasch servieren.

Variante: Wenn man den Stängelkohl nicht mit der Salsiccia als Hauptspeise will, dann kann man ihn ebenso gut mit geriebenem Grana oder Parmesan vermischen und hat dann ein Sugo für Pasta jeder Art.

Kartoffelfrittata

Frittata di patate – Fertae di patatis

Rezept von Dina Caporale/Weingut „Paolo Rodaro", Spessa di Cividale

„Es war immer eine meiner Lieblingsspeisen, die Kartoffelfrittata von Tante Dina", schwärmt der Winzer Paolo Rodaro. Tante Dina ist eine unglaublich freundliche Frau, die Freude ausstrahlt. Offenbar transportiert sich das auf ihr Kochen. Denn natürlich haben wir ihr Rezept ausprobiert und in die Liste unserer Lieblings-Kartoffelgerichte aufgenommen. Man kann die „Frittata di zia Dina", also die „Frittata von Tante Dina", als Beilage genauso essen wie als Hauptgericht. „Und immer die Kartoffeln mit der Schale kochen, dann schmecken sie besser, und die Nährstoffe bleiben erhalten", gibt uns Tante Dina mit auf den Weg.

Zutaten
1,5 kg Kartoffeln
200 g Montasio (am besten den mindestens 10 Monate gereiften) oder Parmesan
1 Esslöffel Butter
1 Handvoll gehackte Petersilie

Zubereitung
Die Kartoffeln in Salzwasser mit der Schale weich kochen, dann schälen und durch eine Kartoffelpresse drücken. Mit dem geriebenen Käse, der Butter in Flocken und der Petersilie vermischen. In eine beschichtete Bratform geben und obenauf noch kräftig Käse geben. So lange im Backrohr bei etwa 180 °C lassen, bis der Käse schöne Farbe annimmt.

Weinempfehlung
Chardonnay
Pinot grigio (Grauburgunder)
Merlot

Süßspeisen – Dolci

Süße frittierte Teigtaschen

Čjalzons dolci

Rezept von Raffaella Nardini-Komjanc/Azienda „Alessio Komjanc & figli", Giasbana di San Floriano del Collio

Zutaten
(für eine große Schüssel voll)

Für den Teig:
2–3 Eier
100 ml Rum oder Grappa
1 Teelöffel Butter
etwa 500 g Mehl (Typ 00)
3 Esslöffel Zucker pro verwendetem Ei
1 Prise Salz

Für die Fülle:
10 große getrocknete Feigen (klein geschnitten)
80 g Rosinen
die geriebene Schale von 2 unbehandelten Orangen und 1 unbehandelten Zitrone
4 geriebene Äpfel
etwas Zucker (nicht viel, sonst wird die Fülle zu süß)
ev. Semmelbrösel (sollte die Mischung zu flüssig sein)

Zur Fertigstellung:
Öl zum Frittieren
Staubzucker mit Vanillearoma (oder eine Mischung aus Staubzucker und 1 Pk. Vanillezucker)

„Das ist ein ganz altes Rezept, das in der Familie meiner Mutter immer weitergegeben worden ist", erzählt Raffaella Nardini-Komjanc und betont: „Čjalzons mit z!" Raffaella stammt aus Rivignano, ganz nahe unserem Ort Varmo in der Ebene. Ihre Mutter lebt dort. „Beim Mehl gerade so viel verwenden, dass man einen glatten, nicht zu trockenen Teig bekommt, das hängt vom Mehltyp genauso ab wie von der Luftfeuchtigkeit: Bei der Mutter in Rivignano oder bei mir in Giasbana bei San Floriano del Collio ist sie unterschiedlich – das ändert auch etwas die Menge des Mehls", erläutert Raffaella. „Un dolce per il carnevale" – „Eine Süßspeise für den Karneval". Wir haben sie von Raffaella an einem Faschingsdienstag zum Kosten bekommen, frisch gemacht von ihrer Mutter. So klingt ein „carnevale" sehr gut aus!

Zubereitung

Die Zutaten für die Fülle vermischen und zwei Stunden im Kühlschrank rasten lassen. Eier, Rum (bzw. Grappa) mit der Butter, dem Zucker und der Prise Salz mit dem Mixer verrühren, dann nach und nach das Mehl zugeben, alles durchkneten, bis ein glatter Teig entsteht. Den Teig mit der Nudelmaschine oder dem Teigroller dünn ausrollen. In Quadrate schneiden, je einen Löffel Fülle darauf verteilen, die Quadrate zusammenklappen und die Kanten fest zusammendrücken. Im heißen Öl frittieren. Mit Staubzucker bestreuen und servieren.

Weinempfehlung
Picolit
Verduzzo

Süßspeisen – Dolci

Süßes „Bonbon" von Oma Letizia

Dolce caramella di nonna Letizia

Rezept der Familie Del Negro/Ristorante „Al Molino", Glaunicco

Zutaten

Für den Teig:
400 g Mehl (Typ 00)
100 g Zucker
50 g weiche Butter
1 Ei
50 ml frische Milch
1 Stamperl Grappa
1 Päckchen Vanillezucker
1 Prise Salz
geriebene Schale von 1 Zitrone und 1 Orange
Öl zum Frittieren
1 Ei zum Bestreichen

Für die Fülle:
100 g getrocknete Feigen
50 g Rosinen/Sultaninen
50 g Semmelbrösel
1 Stamperl Grappa
1 Stamperl Brandy
1 Espressotässchen Kaffee
etwas Kristallzucker
etwas Staubzucker zum Bestreuen

Weinempfehlung
Verduzzo

„Gibt es bei euch etwas Spezielles, Süßes im Winter?" Das hatten wir die Del Negros gefragt. Elda, ihr Mann Gino, die beiden Töchter Moira und Romina sowie Ginos Bruder Renato haben aus einer alten Mühle in Glaunicco bei Camino al Tagliamento einen kulinarischen Fixstern, das Ristorante „Al Molino" gemacht. In der Küche ist Daniele Flebus, Rominas Ehemann, der Chef und Michele Tomasi steht ihm zur Seite. Die süßen Teigtaschen der Nonna Letizia sind Tradition in der Familie Del Negro.
Sie werden zwar auch frittiert, unterscheiden sich aber doch deutlich in Geschmack und Form von Raffaella Nardinis Karnevals-Čjalzons (siehe voriges Rezept).

Zubereitung

Zuerst die Rosinen in wenig Wasser einweichen. Dann den Teig vorbereiten, indem alle Zutaten vermischt und zu einem glatten Teig verknetet werden. In eine Klarsichtfolie verpacken und in den Kühlschrank legen. Für die Fülle die Feigen in kleine Stückchen schneiden, in einer Schüssel mit den Semmelbröseln, den (ausgedrückten) Rosinen, dem Grappa, dem Brandy und dem Zucker vermischen. Den Kaffee zugeben, bis eine nicht zu weiche Masse entsteht.
Den Teig dünn ausrollen, Quadrate von 10 cm Seitenlänge schneiden, die Seiten mit dem verquirlten Ei bestreichen, etwas Fülle in die Mitte geben. Dann den Teig wie ein Bonbon zusammenklappen, die Ränder zusammendrücken und im heißen Öl frittieren. Vor dem Servieren mit etwas Staubzucker bestreuen.

Süßspeisen – Dolci

Kürbispinze

Pinza di zucca

Rezept von Fabiola Ferrin/Weingut Ferrin, Camino al Tagliamento

"Pan e vin, pan e vin!" – "Brot und Wein!" Das wird gerufen bei Epifaniefeuern ("foghere", "pignarul" oder auch "faló" genannt). In vielen Gemeinden Friauls werden sie am Abend des 5. Jänner abgebrannt. Der Rauch soll Aufschluss geben, wie das neue Jahr wird. "Pan e vin" möge es bringen. Pinze und "vin brûlé" (Glühwein) sollen Brot und Wein symbolisieren, es gibt sie für die Zuschauer bei vielen Epifaniefeuern. Auch Fabiola Ferrin macht gerne ihre Kürbispinze aus diesem Anlass. Aber wer mit dem Winzerehepaar Ferrin Epifanie feiert, trinkt doch lieber Paolos gute Weine, ohne einen brûlé draus zu machen.

Zutaten
300 g Kürbisfleisch, gekocht
300 g Zucker
400 g Mehl (Typ 00)
5 Eier
2 Päckchen Trockenhefe
(in Italien: Trockenhefe mit Vanillearoma, also lievito vanigliato)
250 g Rosinen oder Sultaninen
geriebene Schale einer Zitrone
Salz
1 Handvoll Kristallzucker

Weinempfehlung
Verduzzo

Zubereitung
Die 5 Eier, den Zucker und eine Prise Salz im Mixer vermischen, dann das Kürbisfleisch und das Mehl einrühren. Zuletzt die zuvor in warmem Wasser eingeweichten Rosinen, die zwei Päckchen Trockenhefe und die geriebene Zitronenschale zufügen.

Den Teig in eine gebutterte und bemehlte Kasserole geben und die Teigoberfläche mit einer Handvoll Kristallzucker bestreuen. Im vorgeheizten Rohr (Oberhitze/Unterhitze) erst 15 Minuten bei 90 °C und dann weitere 45 Minuten bei 180 °C backen.

Hinweis: Es kann sein, dass man mehr Mehl braucht, je nach Konsistenz des gekochten Kürbisfleisches.

Variante: Wir haben auch ausprobiert, Dinkelvollkornmehl statt dem Weizenmehl zu verwenden. Der Versuch war auch ein schmackhafter Erfolg.

Winter

211

Süßspeisen – Dolci

Winter

Friulanischer Nusskuchen
Gubana

Weihnachten, Ostern oder Hochzeiten waren die großen Feiern, zu denen ursprünglich die Gubana aufgetischt wurde. Heutzutage gibt es die Gubana in verschiedenen Varianten das ganze Jahr über, vor allem im Natisone-Tal, in Cividale und in Gorizia. Doch auch bei uns in der Ebene des Tagliamento ist dieser Nusskuchen inzwischen durchaus heimisch. Oft wird das Stück Gubana auf dem Teller noch mit einem Schuss Grappa begossen.

Zutaten

Für den Teig:
800 g Mehl (Typ 00)
5 Eier; Dotter trennen, das Eiweiß zu Schnee schlagen
150 g Zucker
50 g Hefe
100 g zerlassene Butter
geriebene Schale einer Zitrone
1 Stamperl Rum
Milch
Salz

Für die Fülle:
200 g Walnüsse
100 g Pinolikerne
100 g zerriebene trockene Kekse
50 g Schokolade (wenn man mag)
100 g Zucker
250 g Rosinen
1 Teelöffel Honig
etwas Rum

Zubereitung

Teig: Die Hefe in zwei Löffeln Milch, 2 Löffeln Mehl und ein bisschen Zucker auflösen und aufgehen lassen. Die Eidotter mit dem Zucker verrühren, mit dem zu Schnee geschlagenen Eiweiß, der zerlassenen Butter, etwas Milch, einer Prise Salz, dem Rum und dem Mehl mischen, dann die aufgegangene Hefe dazu verkneten und an einem warmen Ort etwa 45 Minuten aufgehen lassen.

Fülle: Für die Fülle die Walnüsse und Pinoli hacken, die Kekse zerbröseln, alles mit Honig, geriebener Zitronenschale, ev. der Schokolade und den Rosinen vermischen (wenn nötig mit etwas Rum und Wasser weicher machen).

Ausfertigung: Den gut aufgegangenen Teig ausrollen, etwas ruhen lassen, noch einmal durchkneten, ausrollen, mit etwas zerlassener Butter bestreichen, die Fülle draufgeben und wie einen Strudel einrollen. Diese Rolle dann zu einer Schnecke formen und in eine gebutterte Form geben. Eventuell mit Zucker bestreuen. Im Backrohr bei 180 °C (Ober-/Unterhitze) etwa 40 Minuten backen.

Weinempfehlung
Ramandolo
Verduzzo

Süßspeisen – Dolci

Frittierte Teigstreifen

Crostoli

Rezept von Daniela Tengattini-Asquini, Varmo

Es wäre kein friulanischer Fasching ohne die traditionellen Crostoli! Wir denken nicht über die Kalorien nach und stimmen gerne zu, wenn unsere Freundin Daniela sagt: „C'è carnevale!" – „Es ist Fasching!" – Es ist also Zeit, wieder Crostoli zu machen!" Es gibt diese frittierten Teigstreifen in Varianten auch im benachbarten Veneto oder in der Toskana, sie werden je nach Gegend auch „chiacchiere", „cenci" oder „galani" genannt.

Zutaten
**30 gehäufte Esslöffel Mehl
1 gehäufter Teelöffel Hefe (Pulver)
2 Päckchen Vanillezucker
4 Eier
1 Prise Salz
25 g Butter
1 guter Schuss Grappa**

**Öl zum Frittieren
Staubzucker zum Bestreuen**

Zubereitung
Die Zutaten zu einem festen, elastischen Teig verkneten. In faustgroße Portionen teilen und die Portionen einzeln so dünn wie möglich ausrollen (mit dem Teigroller oder mit einer Pastamaschine). Mit einem Teigrad in nicht zu schmale Streifen schneiden, die dann auch noch in der Mitte entlang einen Schnitt geradelt bekommen. Die Streifen kurz frittieren, sie müssen hell bleiben. Aus dem Öl fischen, auf Küchenpapier abtropfen lassen, schichtenweise in eine große Schüssel geben, Staubzucker in ein Sieb füllen, und jede Schicht gleich mit Staubzucker bestreuen. Buon Carnevale!

Weinempfehlung
Ribolla gialla spumante
Verduzzo

Winter

215

Süßspeisen – Dolci

Winter

Frittierte Teigbällchen

Frittelle di San Giuseppe

Rezept von Daniela Tengattin-Asquini, Varmo

Kurz vor Beginn des Frühlings, am Tag von San Giuseppe, des heiligen Josefs, also am 19. März, ist in Italien auch Vatertag. Traditionellerweise gibt es dann die Frittelle. Zur Freude nicht nur der Väter! Allerdings sind Frittelle auch aus der winterlichen Karnevalszeit nicht wegzudenken!

Zutaten
7 gehäufte Esslöffel Mehl (Typ 00)
3 Eier
1 kleines Glas Milch
1 Prise Salz
etwas abgeriebene Zitronenschale
1 Päckchen Vanillezucker
1 Esslöffel Zucker
1 gute Handvoll Rosinen (oder klein geschnittene Apfelstückchen)
½ Päckchen Backpulver

Öl zum Frittieren
Staubzucker

Weinempfehlung
Süßer Spumante
Verduzzo

Zubereitung
Alle Zutaten in einer Schüssel zu einem nicht zu flüssigen Teig vermischen (notfalls noch Mehl dazufügen). Frittieröl (Sonnenblumenöl) in einem Topf erhitzen, mit zwei Löffeln aus dem Teig Bällchen formen und frittieren. Auf Küchenkrepp abtropfen lassen und mit Staubzucker bestreuen.

Anhang

Adressen und Kontakte

Varmo

Locanda „Vil di Vàr"
Via A. Robbiani, 7
33030 Varmo (Ud)
Tel.: +39-0432-823614
Tel. mob.: +39-328-0265216
E-Mail: locanda.vildivar@gmail.com

Ristorante „Da Toni"
Via Sentinis, 1
33030 Gradiscutta di Varmo (Ud)
Tel.: +39-0432-778003
Fax: +39-0432-778655
E-Mail: info@datoni.net
www.datoni.net

Azienda Agricola Marsoni
Produktion von Spargel und Mais
Via Levata, 7
33030 Varmo (Ud)
Tel.: +39-0432-778078
E-Mail: info@marsoni.it
www.marsoni.it

Lorenzo „Loris" Molinari
Produzent von Radicchio und Spargel
Via dei castelli, 69
Frazione Belgrado
33030 Varmo (Ud)
Tel. mob.: +39-348-4401942

Camino al Tagliamento

Azienda Agricola Ferrin
Località Casali Maione, 8
Frazione Bugnins
33030 Camino al Tagliamento (Ud)
Tel.: +39-0432-919106
Fax: +39-0432-919949
E-Mail: info@ferrin.it
www.ferrin.it

Macelleria Valentino Zanin (Fleischhauerei)
Via Tagliamento, 10
33030 Camino al Tagliamento (Ud)
Tel.: +39-0432-919040
E-Mail: zaninvalentino@libero.it

Ristorante „Al Molino"
Località Molino, 4
33030 Camino al Tagliamento (Ud)
Tel.: +39-0432-919357
E-Mail: info@almolino.com
www.almolino.com

Trattoria „Da Bepo"
Località Bugnins, Via Amalteo, 2
33030 Camino al Tagliamento (Ud)
Tel.: +39-335-242573 oder +39-0432-919013
E-Mail: bert.valentino@gmail.com
www.dabepo.it

Codroipo

Molino (Mühle) Zoratto
Via Molini, 70
33033 Codroipo (Ud.)
Tel.: +39-0432-906143

Marano Lagunare

Taverna „Al Pescatore"
Via San Vito, 18
33050 Marano Lagunare (Ud)
Tel.: +39-0431-67023
Fax: +39-0431-640756
E-Mail: info@tavernaalpescatore.com

Udine

Ennio Furlan
Consigliere des „Collegium Cocorum del Friuli Venezia Giulia" (Kollegium der Köche von Friaul-Julisch Venetien), Kräuter- & Pilzexperte.
Autor der Bücher „Erbe ... e dintorni" (Kräuter ... und das Drumherum) sowie „Funghi & dintorni" (Pilze... und das Drumherum), beide erschienen im Verlag Ribis. Diese Bücher (in italienischer Sprache) enthalten Informationen über die Kräuter beziehungsweise Pilze der Region und auch viele von Ennios Rezepten. In Zusammenarbeit mit der „Associazione Micologia e Botanica Udinese" (Mykologische und botanische Vereinigung Udine), deren Präsident Ennio Furlan ist, gibt es auch von ihm geführte Kräuterwanderungen.

E-Mail: f.ennio@gmail.com
www.micologiaebotanica.it

Cividale

Cantina Rodaro Paolo
Via Cormòns, 60
Località Spessa
33043 Cividale del Friuli (Ud)
Tel. & Fax: +39-0432-716066
E-Mail: info@rodaropaolo.it
www.facebook.com/rodaropaolo
www.rodaropaolo.it

Grado

Hotel Ristorante „Marea"
Via dei Provveditori, 6
34073 Grado (Go)
Tel.: +39-0431-81206
Fax: +39-0431-876104
E-Mail: info@hotelmarea.it
www.hotelmarea.it

San Floriano del Collio

Azienda Agricola „Alessio Komjanc & figli"
Località Giasbana 35
34070 S. Floriano del Collio (Go)
Tel.: +39-0481-391228
Fax: +39-0481-393454
E-Mail: info@komjancalessio.com
www.komjancalessio.com

Osteria-Gostilna Koršič
Località Sovenza 7
34070 San Floriano del Collio (Go)
Tel.: +39-0481-884248
Fax: +39-0481-884870
E-Mail: info@korsic.it
www.korsic.it

Gorizia

Pescheria (Fischgeschäft) „Da Michele"
Via Boccaccio, 4
34170 Gorizia
Tel.: +39-0481-530018

Prepotto

Trattoria „Da Mario", „Enoteca dello Schioppettino"
Via 24 Maggio, 16
33040 Prepotto (Ud)
Tel.: +39-0432-713004
Fax: +39-0432-713222
E-Mail: info@enotecaschioppettino.it
www.enotecaschioppettino.it

Prato Carnico

Agriturismo „Sot la Napa" Restaurant und Zimmer
Frazione Pesariis, 61
33020 Prato Carnico (Ud)
Tel.: +39-0433-69379 oder +39-0433-695103
E-Mail: info@sotlanapa.it
www.sotlanapa.it

Tarvis

Stuzzicheria Bar Ristorante „Tschurwald"
Via Roma, 8
33010 Tarvisio (Ud)
Tel.: +39-0428-40534
E-Mail: info@tschurwald.191.it

Latisana

Mayda Mason, Fotografin
E-Mail: maydaphoto@gmail.com
www.maydamason.com
facebook.com/maydamasonfotografa

Varmo

Gisela Hopfmüller & Franz Hlavac
Infos zum Friaul und unser „Friulanisches Tagebuch" sind zu finden auf
www.hopfmueller-hlavac.at

Rezeptverzeichnis

Apfelkuchen 121
Artischockenlasagne 38
Artischockensugo 36

Bavette mit Fasolarisugo 99
Brotsuppe 141

Calamarisalat mit Garnelen 138
Chicoréesprossen mit Knoblauch, Öl und Pfefferoni 32
Chicoréesprossen, mariniert 19
Cotechino mit Linsen 201

Danielas Teigtascherln 150

Eintopf mit Bohnen 156
Ennios Kekse 60
Entenbrust in der Pfanne 197
Erdbeermousse 122

Feigenmarmelade 176
Frittierte Salbeiblätter 76
Frittierte Teigbällchen 217
Frittierte Teigstreifen (Crostoli) 214
Frittierte Zucchiniblüten 79
Friulanische Kapern 65
Friulanisches Kräuteromelette 42
Friulanischer Käsefladen (Frico) 45
Friulanischer Nusskuchen 213

Gebratene Melanzani 91
Gebratene Sardinen 109
Gebratener Radicchio 185
Gefüllte Teigtaschen aus Karnien (pikant & süß) 186/187

Gefüllte Tomaten 87
Geschmorte Bohnen 169
Geschmorte Paprika 80
Geschmorter Fisch aus Marano Lagunare 102
Geschmorter Seeteufel 106
Geschmortes Cotechino mit Porree 198
Geschmortes großes Schweinskotelett 194
Getrocknete Tomaten in Öl 128
Gioas Schweinsbraten (2 Varianten) 116/117
Gradeser Boreto 101
Grappakirschen 68

Harte Eier mit Porree 159
Hase in Sauce 164
Haselnusskuchen 174
Holunderblütensirup 72

Italienische Sauce aus getrockneten Tomaten 145

Kakimousse 175
Kartoffelfrittata 205
Kartoffeln aus dem Rohr 118
Kartoffeln in der Pfanne 170
Kartoffelnester 160
Kiwi-Mascarpone-Creme 58
Kiwirisotto mit Montasio 146
Kohlpäckchen 163
Kräutergnocchi aus Sauris 30
Kürbisbrot 173
Kürbisnockerln 149
Kürbispinze 210

Lammkoteletts mit Kräutern 47
Leimkrautsauce 26

Marinierter Radicchio „Rosa di Gorizia" 181
Meeresfrüchtesugo 110
Millefoglie vom knusprigen Frico 182
Montasiokörbchen 84

Nusslikör 130

Osterbrot 54

Pfirsichrisotto 95
Piarsolada 125
Pinze 57
Pitina in Balsamicoessig 202
Pitina mit Polenta 203
Polenta 50

Radicchio mit Bohnencreme 180
Risotto mit Hopfensprossen 29
Risotto mit Kohl und Gänseleber 142
Rohe marinierte Artischocken 14
Rohschinken mit Feigen 134
Rouladen mit Salsiccia 48

Salat aus frischem Fenchel mit Orange 137
Saure weiße Rüben 166
Schmackhafte gefüllte Calamari 112
Schmackhafte Sardellen 83
Schokoladensalami 63
Schokoladentorte 62
Schweinsbratwurst mit Zwiebeln 155
Spaghetti mit Venusmuscheln 96
Spargel in Olivenöl 67
Spargel mit Erbsen und Kartoffeln 53
Spargel mit hart gekochten Eiern 21
Spargel mit Rohschinken 22

Spargel süßsauer eingelegt 66
Spargelauflauf 33
Stängelkohl mit Salsiccia 204
Sugo mit Gänsefleisch 152
Süße frittierte Teigtaschen 206
Süßes „Bonbon" von Oma Letizia 209
Süßsaure Feigen 177

Tagliatelle mit Spargelragout 34
Tarviser Sclopitnockerln 25
Teigtaschen aus dem Resia-Tal 189
Teigtaschen nach Art „Al Molino" 190
Tomatensugo selbst gemacht 126
Topfennockerln mit Salbei 193
Trilogie vom Thunfisch mit
   gemischtem Gemüse 105

Überbackene Artischocken 41
Überbackene Herzmuscheln 98

Wilder Hopfen mit Prosciutto 17
Wolfsbarsch in Salzkruste 115
Würziger Strudel mit Montasio-Herz 88

Zitronenlikör (Limoncino) 71
Zucchininudeln 92

Bildnachweis:
Mayda Mason: Titelfoto, 3, 7, 8, 13 (1), 15, 16, 20, 23, 27, 28, 29, 31, 35, 37, 42, 43, 49, 50, 51, 55, 56, 59, 63, 67, 69, 70, 73, 75 (1), 76, 77, 78, 79, 81, 82, 85, 86, 90, 93, 94, 99, 100, 103, 104, 108, 111, 113, 114, 119, 120, 123, 124, 127, 131, 133 (2), 136, 139, 140, 143, 144, 145, 147, 148, 154, 157, 158, 161, 162, 163, 165, 168, 171, 177, 179 (1), 183, 184, 187, 191, 192, 199, 200, 203, 208, 217, 219, 220/221 (4), 225

Gisela Hopfmüller/Franz Hlavac: 8, 11, 13(2), 19, 24, 32, 33, 36, 39, 75(2), 107, 116, 128, 133(1), 135, 151, 152, 153, 167, 172, 174, 175, 176, 179 (2), 180, 181, 185, 188, 195, 196, 204, 205, 207, 211, 212, 215, 220/221 (23), Autorenfoto Deckklappe

Ennio Furlan: 167 (1)

ISBN 978-3-85431-686-2

© 2014 by Pichler in der
Verlagsgruppe Styria GmbH & Co KG
Wien – Graz – Klagenfurt
Alle Rechte vorbehalten.

Bücher aus der Verlagsgruppe Styria gibt es
in jeder Buchhandlung und im Online-Shop

Lektorat: Elisabeth Wagner
Umschlaggestaltung: Bruno Wegscheider
Umschlagfotos: Mayda Mason
Buchgestaltung: Buchproduktion.Toscani.at
Reproduktion: pixelstorm, Wien

Druck und Bindung:
Druckerei Theiss GmbH, St. Stefan im Lavanttal
7 6 5 4 3 2 1
Printed in Austria